療癒之書

身心社靈健康手冊

方婷 著

萬里機構

推薦序 1

方婷，一位年輕、進取、視野廣闊、有承擔，以提升大眾精神健康為己任的輔導心理學家。多年來不斷提升自己在心理學及不同範疇的知識和技能。傳媒的訓練和經驗讓她深明創作與溝通的重要，讓她在傳意技巧上有深刻體會；加上營養學、茶藝的訓練令她體會到身、心、社、靈合一的重要性；佛法輔導、催眠、大笑瑜伽等訓練與實踐開闊了她在心理學上的領悟，提升了在心理治療上的深度和向度。

方婷亦是一位多產的作家，自 2014 年起，平均每年都會出版一本與心理學有關的著作。方婷的著作大都是以深入淺出，生活化的例子，讓讀者容易掌握心理學的理論，並運用於日常生活中，以提升自身的精神健康質素。《療癒之書：身心社靈健康手冊》也不例外，同時亦秉承傳統輔導心理學的原則，在健康之時作好準備，提升個人身、心、社、靈，各方面的質素，以便在人生不同的際遇下，維持整全的健康，而在不幸健康出現問題的時候，有充足的準備和對應策略，讓人在不慌不忙的情況下盡快康復，重拾快樂的人生。

本書更涵蓋不同的生活及人生範疇，例如飲食營養、休息和睡眠、壓力應對、情緒管理、自我身份認同、戀愛與婚姻、人際交往、人與環境的融合、死亡以及人生意義等；讓讀者在不同領域中有所理解，有所領悟，並獲得一些提升自己質素的方法。本書定能為不同年齡層、不同需要的讀者帶來更積極正面的人生觀和生命取向。

梁經緯博士
資深輔導心理學家
(香港心理學會輔導心理學部創部成員之一，
2010 至 2014 年擔任該部第二屆主席)

推薦序 2

自我覺悟的智慧與療癒的力量

健康、快樂是人生最重要的事情，也是每一個人一生最主要的訴求與願望。因為即使一個人擁有再多的物質、金錢與名利，但是失去了健康與快樂，那一切都會變得毫無意義。那我們應如何擁有身心的健康與離苦得樂？這個對我們所有人來說都是非常重要的。

目觀現今世界，各種動蕩不安，格局不穩，以及戰爭、百年一遇的全球疫情 (COVID-19)，另外有強大的工作壓力與生活壓力等，導致人類的身心健康出現了很多問題，如許多人的身體處於亞健康狀態，壓力巨大，尤其是內心極度空虛與不安，缺乏安全感，情緒低落與不穩等，以及有些人對自己的人生及世界失去了信心，產生了很重的負能量，甚至有些人患了憂鬱症，帶來了許多煩惱與痛苦。有些人遇到類似問題時，大多是選擇抽煙、喝酒；有些人則選擇聽音樂、跑步、游泳與行山等運動去面對與自我療癒，但這些方法大多能起作用或只是有一點點效果，無法解決其根本問題。

那麼當我們自己或家人、朋友面臨這樣的情況時，我們應當如何對治或用甚麼具體方法才能幫助自己或他們療癒與康復呢？

從佛教的角度而言，我們需要從調服與對治內心開始，因為幾乎大部分的喜、怒、哀、樂的問題都是由自己內心的「貪嗔癡」三毒而產生，所以佛教萬法皆是在強調度自己的心。如偈：「佛説一切法，為度一切心，若無一切心，何用一切法」。人生最重要的是智慧，由智慧而覺悟，覺悟的人生是不可思議的，所以佛教主張由內心覺悟的力量來自我療癒與修行。

在心理學中，有一門叫「健康心理學」的學科，也是主張圍繞着一個人的心理的具體情況而作調理與治療。

方婷小姐在此書中主要是從身、心、社、靈四個方向，配合日常生活的議題，來分享她的各種療癒的案例經驗，讓讀者們學會從健康心理學中學懂愛自己。書中有非常詳細及多種治癒方法的案例，內容非常豐富，具有高質量及作者有相當專業的實踐經驗，非常經典的一本著作，值得我們所有人擁有。希望此書能夠廣泛流傳，相信此書能夠啓發及幫助到更多人。

釋延慧法師

香港少林寺國際禪意武文化中心主持

推薦序 3

香港青年協會生活學院一直關注青年的全人健康，鼓勵青年享受生活、學習生活，保持身心均衡發展。學院與輔導心理學家方婷合作開辦正向心理系列課程多年，鼓勵社會關注情緒健康，攜手普及正向教育。本書作者方婷結集豐富的心理學知識與個人經驗，以健康心理學研究為基礎，從「身、心、社、靈」四個方向入手，剖析生活行為習慣與健康的密切關連，向讀者分享建立健康人生的智慧，引導正向成長與生活應用技巧。

現今社會急速轉變，青年在生活、學習、社會上面對各種挑戰。若能達致身心均衡發展，培養良好的行為與習慣，定能提升心理韌性，跨越人生逆境，推動自我成長。誠心推薦青年閱讀這本書，透過學習覺察個人的全健所需，平衡身心社靈發展，培養正向思維，活出具意義和滿足感的快樂人生。

關海寧

香港青年協會生活學院單位主任

人活着的每一刻都會面臨一連串的選擇,那些無數的選擇造就了人生。今天你選擇翻開了這本書,可會藉此成為你的指南針,反思生活中的各種選擇,把當中提出的身、心、社、靈四方理論付諸實行,學懂愛自己?

這本書簡而精地勾畫出從認識自己到愛自己的路線圖,當中提到人貴有自知之明,無知是有知的開始;活得愈久,不代表愈了解自己,而是透過所經歷的事情、思考自己的情緒反應,再慢慢了解當中因果,逐步對自己加深認知來認識自我需要。

誠然,在這個繁忙的都市中,每天追趕完成生活的瑣碎事,很容易忘卻給最重要的人——自己一些時間,一絲提醒,一點安慰。直到生命面對着轉變或是考驗,才下意識開始發現那個自己如此迷惘和脆弱,啟動大腦探索解決方案,其實最需要啟動的是身心靈,最需要探索的道路是往內走,亦是書中提到的內觀。這本書提醒我們不但要鍛煉身體,更要花點時間鍛煉心靈,強壯起來,那就無懼風雨。

三年的疫情下,大家的生活方式有所轉變,有些人困在家中工作面對不一樣的家庭關係,有些人失去原來工作轉投新行業,有些人和遙遠的至親分隔兩地只能保持通訊⋯⋯是時候自我審視一下,啟動身心社靈健康的練習,成為自己最棒的療癒師,走更長遠的路,這是一生的課題。

廖珮而
社會企業研究院總幹事

自序

撰寫這本書時有深切的反思與愧疚，皆因從前的我愛好美酒、熬夜、大魚大肉、思想悲觀、不喜歡運動、體重最重 167 磅，貼貼切切的實踐着「人生得意須盡歡」，且完全沒覺察到有任何問題。

享樂主義 (Hedonism) 無疑帶來許多即時官感上的歡愉快樂；然而，這種快樂很短暫，也未必有可延續的意義。尤幸對心理學的熱愛讓我覺醒人生是可以選擇的，心理學家的工作是協助和支援一個又一個案主改變，找到更好的人生。經年借「好學」之名修習研究精神分析、認知行為、動力學、正向心理、慈悲喜捨、營養結構、五行調理、肌肉訓練、楷書行書、禪茶、和諧粉彩、禪繞畫、大笑瑜伽，在不斷胡亂地、飢餓地吸收中，開始洞悉到內心一直在尋找可以持續幸福的方法，是為了完整自我發展；在思考如何有效地支持個案找到出路的歷程，得到最意想不到的收穫，就是更好的自己。

更幸運的是，在三年前接下了「健康心理學」這一科去執教，因為備課讓我得以重新認識全人健康，也更加積極與具方向的改掉危害健康的行為。心理學有三大使命：**治療人的心理問題、使人的生命更豐盛、鑑別和培養人的才華** (Snyder et al., 2010)。然而傳統心理學的研究大都聚焦於病理上的診斷與治

療，對於如何活得豐盛、培養優勢，提升生活品質和幸福感，直到近二、三十年才被積極宣揚。在 2022 年第五波疫情下的香港，市民抵禦着從環境、病毒、人際交流、心理壓力、生活及工作模式轉變而帶來的各種挑戰，學習如何平衡、照顧身心社靈健康和培養韌力 (Resilience) 成為逆境中不可或缺的生存技能。

知識需要透過實踐和內化，才能成就智慧。全人健康亦強調積極的態度，以照料自己為己任，提倡知而後行，以行動實踐人生的價值及意義。這是一本成長記錄，亦是一本身心社靈健康的手冊，期望讀者在參考理論之際可一同反思，一同進步。感恩所有學習的因緣，途中遇到的良師同修，特別是香港大學佛學研究中心衍空法師在靈性修行中的引領和香港心理學會輔導心理學部主席郭善衡小姐的提拔與鼓勵，也感恩協助出版這本書的萬里機構，以及編輯 Danny 和 Karen 在創作過程中給予的支持與耐心。

僅將此書獻給在成長途中的各位讀者，打開這本《療癒之書》，開啟新一段認識自己、愛護自己、提升自己的全人健康旅程吧！

方婷

參考資料：

Snyder, C. R., Lopez, S. J., Redrotti, J. T. (2010). *Positive Psychology: The Scientific and Practical Explorations of Human Strengths*. SAGE Publications.

目錄

健康是選擇——
可以習得的身心社靈健康

每年春分踏青，上山祭祖時都會聽到許多長輩喃喃誦道，求祖先庇佑我們闔家平安、身體健康、和氣生財，新年時我們亦會互相祝賀對方「身體健康」。然而，詭異的是，當誠心求神拜佛求祖先或者互相祝福之後，卻看見長輩親戚不停地吞雲吐霧、大啖大啖食肥肉，和一口一口幹掉高濃度的烈酒。當下，我不禁好奇和反思，為甚麼我們想要的身體健康是去求祖先，而不是自己好好去促進？

根據政府統計處在 2021 年 11 月公佈最新的數據顯示，香港男性的平均壽命為 82.9 歲，女性 88 歲，成為全球其他已發展經濟體之冠。可是，隨着現代化社會急速的生活和便捷的飲食習慣，眾多疾病皆出現年輕化的趨勢，大約 50-60 歲，身體機能都開始呈現不同程度的耗損。以往詛咒人都會聽到一句說話：「你小心收尾嗰幾年！」而參考現今的社會生活習慣和人口疾病數字，這並非一道詛咒，而是一道提醒，大家都認真地「要小心最後嗰幾十年」。

壽命的延長不代表健康，不良的身心狀況，造成要面對不同的慢性疾病的危機，與耗損倦怠的身軀共存幾十年，一個不小心每天需要服用一堆彩色的藥丸以維持身體機能，伴隨着時不時「呢度痛、嗰度痛」的身體，想一想，都能感知到是如何痛苦。

◆ **對你來說，
　甚麼是健康？**

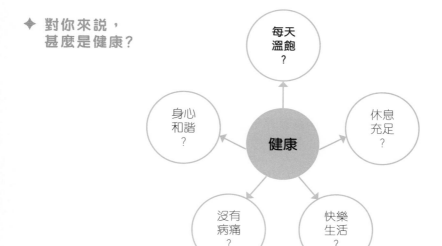

潮流興養生，但大部分人卻選擇「躺平」

從書本到微信，四方八面傳遞而來的健康知識從來不缺，即使不苦心鑽研，亦理應對如何照料自己的身體耳濡目染。可人是奇怪的動物，縱然對促進身心健康的行為有相當認知，也會放縱自我。例如從小都被教育要注意營養均衡的飲食有相當認知，卻每每對高脂高糖的零食毫無半點抵抗力，尤其是聚會派對開懷大吃，啖啖是快樂。又如每個人都知道，吸煙和飲酒會危害健康，但在面對壓力的時候，很多時都會借用這些物質去減壓。另一例子是規律的運動，除了促進身體健康，運動還會釋放安多酚，令人心情暢快，偏偏在空閒時很多人都情願煲劇、睇 YouTube，而又抱怨自己沒有時間運動。

甚麼是健康？一般人即時聯想的是，「無病無痛就係健康」，認為健康與疾病是二元對立，兩個獨立分開的概念。古希臘人以肌肉發達、體態健美和活力為健康的標誌；《現代漢語詞典》中，健康的定義是人體生理機能正常，沒有缺陷和疾病（李凌、蔣柯，2008）。但，這就是健康的全部嗎？

早在 1948 年，世界衛生組織已把健康訂為：個人生理、心理及社會適應三方面良好的一種狀態，而並非單單指沒有生病或者體質健壯。之後於 1984 年，世界衛生組織再詳細闡釋健康的定義，指出：健康的個人或者群體能夠實現理想、滿足需要、

並且能夠改變和適應環境。**健康是日常生活的資本，而不是生存目的；健康是一個積極概念，注重社會和個人資源及體能。**由此可見，健康並不單單是指沒有疾病，更加多的是我們積極地關注和保持自己整全以及良好的身心靈狀態。

◆ **此刻的你，處於哪個階段呢？**

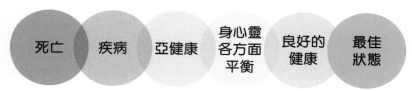

死亡　疾病　亞健康　身心靈各方面平衡　良好的健康　最佳狀態

在心理學中有一門叫「健康心理學」的學科，是指對健康和疾病之行為和心理歷程的科學研究，主要探討如何可以促進和維護健康，包括研究人類的健康行為與習慣，是如何影響身心發展；亦會了解預防及診治疾病，例如是壓力管理、生活習慣干預以防預疾病、疾病的治理和管理等。健康心理學還會探討及了解一些健康或者疾病的相關因素，包括心理和社會因素、心理神經免疫學等等。最後就是利用所得的研究結論，去分析並改善健康照顧體系的政策。

現代人樂於買不同的保險和保健品以作身體發生病變時的保障，往往卻忽略了最根本的健康概念，那就是健康心態 (Health Mindset)。健康心理學的研究正正提醒我們從基本心態開始，了解守護身心社靈健康的基石。

簡單來説，健康心理學的理念包括：

第一：疾病並非由單一因素引起，而是一組因素組成的結果。

第二：個人不是一個被動的受害者，而應該是積極促進自己
健康的個體。

第三：我們需要為自己的健康和疾病負責。

第四：治療的是一整個人，而不是單單發生病變的軀體。

第五：病人需要為治療付出部分責任，而不是將整個治療的
責任推給醫療體系，例如醫生或醫院。

當然，整全健康和良好的生活質量並不僅指軀體，參考 Ewles
和 Simnett (1985) 整全健康的概念，以下 6 項整全健康的因
素，邀請大家在每個因素中為自己打一個分數，每一項 10 分
是滿分。

✦ **你認為自己現在的狀態是多少分？**

分數

身體的健康	
心理的健康	
情緒的健康	
社交的健康	
靈性的健康	
社會結構的健康	

● 身體的健康（Physical Health）

指身體方面的功能健康，沒有疾病和殘障，身體與生理上具有充足的機能與能力，足以應付日常生活所需。

● 心理的健康（Mental Health）

指有能力做清楚且有條理的思考，主觀的感覺健康。

● 情緒的健康（Emotional Health）

指有能力認知情緒（如喜、怒、哀、樂等），並能適當表達自己的情緒，處理壓力、沮喪及焦慮等。

● 社交的健康（Social Health）

指有能力創造、維持跟他人之間的關係，具有和他人互動的能力，有滿意的人際關係並能履行角色義務。

● 靈性的健康（Spiritual Health）

對某些人而言，靈性健康或許與宗教信念及行為相關，但並不是絕對；靈性健康是個人的行為信念或行為的原則，是一種達到心靈平靜的狀態，反映一個人的價值系統，或是超越信仰的力量，或許更為接近自我實現的概念。有些人可能沒有宗教信仰，但不時會參與一些社區義務的工作，亦很積極地去經營自己的生活，擁有較高的使命感，在這種狀況下，宗教和精神寄託都可以打很高的分數。

● **社會結構的健康（Societal Health）**

意指健康的生活圈，生活在健康的環境中，個人健康與周遭事物是不可分的，接近社區健康概念。

這個自測並非專業診斷，主要用於認識整全健康和反思，如有疑問，請諮詢專業心理學家或輔導員的意見。

當完成這 6 項簡單的評測之後，可以看看在這 6 項：身體的健康、心理的健康、情緒的健康、社交的健康、靈性的健康、社會結構的健康比較之下，哪一項獲得比較高分？又有哪一項相對來說，比較未如理想？假若你發現自己在某些方面有進步的空間，假若是提升 1 分或 2 分，我們可以做甚麼去改變和提升這些項目？

● 影響健康的因素互相關聯

離苦得樂，擁有健康，是每一個人的祈求，要薯片或是蘋果作午間小食、喝水還是喝汽水、多走 20 分鐘還是坐兩個站的車、早一點休息還是漫無目的地滑手機、堅持做自己喜愛的小手工還是追看綜藝節目、積極面對解決問題還是拖字訣，生活每個看似微不足道的選擇，都在一點一滴的建構和影響我們的身心社靈健康。既然並非被動的個體，那麼到底怎樣才可以透過健康心理學的知識去改善和促進自己的健康呢？

健康心理學除了提倡健康是應該由個人積極參與得到的結果外，還會分析我們個人行為、生活習慣，所處的情況以及環境，是如何影響健康行為。個人的生活環境、遺傳、收入、教育水平、人際關係等外在原因，皆深深影響健康狀態，這些因素大致可以歸類為：營養吸收、生活方式、社會生物及心理因素、人口特徵、社會因素、經濟因素、生態、生活環境、全球化與科技進步幾方面。同樣地，所有上述的因素並不是單一，而是彼此有關聯和相互影響的。

健康行為是人們為了增強或保持健康狀態所採取的行為，可以分為：

健康促進行為
Health-promotion Behavior
包括規律運動、預防注射、良好飲食與睡眠習慣等。

健康危害行為
Health-risk Behavior
吸煙、酒癮、暴食等有害的健康行為。

世界衛生組織將健康促進定義為：一切能夠促使行為和生活條件向有益於健康改變的教育和環境支持的綜合體。在一般的健康狀態時，我們可以透過各種學習渠道來提升自我健康的照料能力，以更佳的防預能力去改變與克服環境，從而達到身體、

心理、社會和靈性上的幸福感。個人生活選擇會影響健康，還有其他影響實行或改變健康行為的因素，包括以下 9 點：

1. **人口因素**：健康行為隨着人口特質而有所不同，如地區飲食習慣。

2. **年齡因素**：健康行為會隨着年齡而改變，例如年輕時我們或許較少會積極促進自己的身心健康，但到了某個年紀可能會開始留意養生的資訊。

3. **價值因素**：個人價值觀會影響我們會否重視和實行健康行為，假如一個人覺得有健康才有人生的話，就會更加積極地了解如何保持自己健康。

4. **社會影響**：家庭、朋友、工作場所、學校都會影響健康行為，例如當整個家庭的每個成員都非常注重飲食健康，很少買零食和進食垃圾食品，在健康的習慣建立後，都更容易自律和減少不健康的食物。

5. **社會階層和地區剝奪**：個人的社經狀況亦會影響健康行為，例如在美國，低收入家庭較多肥胖的小朋友，其中一個主要因素就是父母因為需要長時間工作，而不得不放任子女進食快餐和一些高脂肪、低營養的食物。

6. **對症狀的感受**：如果我們對於身體出現異常，感到不適比較敏感的話，亦都會更加積極去配合檢查以及治療。

7. **醫療照護體系的可行性**：我們居住環境附近有否足夠且高品質的醫療和保健機構，如果這些配套是整存的話，在我們感到不適時尋求治療會比較便利。

8. **個人控制**：個人對於健康的自覺控制態度可以分為自行控制，或者是歸咎於天。一個內控型 (Internal Locus of Control) 的人，相信健康是可以自行掌握的，所以亦比較能夠可以遵從醫生的囑咐、尋求健康資訊和採取行動以促進健康。而一個外控型 (External Locus of Control) 的人，傾向將疾病發生歸咎於環境或者其他人身上，會認為是其他無可奈何的因素導致身體出現問題，在這種心態下對於治療或許會較被動。

9. 最後影響實行和改變健康行為的因素，就是自我效能 (Self-efficacy)。自我效能的意思是個人對於自己能夠組織並且執行一連串行動以產生某種成果的信念。簡而言之，就是我們對於自己能否成功執行某種結果的行為判斷，例如個人如果認為自己已吸了這麼多年的煙，是沒有能力去改變這個習慣，那麼不論那個人了解到吸煙對健康的危害是如何嚴重，又或者戒煙是有其必要性，他都不容易去開始和堅持進行一個改變的行為。

健康行為乃大眾為了增強或者保持健康狀態所採取的行為，可以分為健康促進行為，包括規律運動、預防注射、良好飲食和睡眠習慣等等。而健康危害行為，包括吸煙、酒癮、暴飲暴食等等有害健康的行為。假如可以成功建立健康行為，好處就是可以降低和生活形態有關的疾病以及死亡、延長壽命、減少因慢性疾病導致失能的狀況，甚至降低整個醫療費用的支出。

✦ **如何建立健康的行為？**

降低與生活形態有關的疾病及死亡	延長壽命
減少因慢性疾病導致失能的狀況	降低整體醫療費用的支出

🍃 生物心理社會模式（BioPsychosocial Model, 簡稱 BPS）

生物心理社會模式（BPS）是由美國精神科醫生 George Engel 在 1977 年提出的概念，Dr. Engel 指出健康與及疾病，是由生物、心理、以及社會的三個因素交互作用所引起，而這三個因素同時亦會被健康和疾病所影響。

✦ **三個因素**

● 生物因素

遺傳：例如某些疾病常見於有家族遺傳史，個人先天在身體上可能已經存有比較脆弱的特質。

身體構造：包括細胞、組織以及器官如果出現異常便會影響健康。

生理功能：身體的機制、內分泌等等，例如常見的情緒問題，如抑鬱症和焦慮症，都跟大腦裏的神經傳遞物質出現異常有關聯。

病原體：出現引致疾病的細菌、真菌、病毒、科學毒素等等，如近年威脅全球的新冠病毒。

● 心理因素

行為習慣：例如飲食、吸煙、飲酒、運動以及性行為活動等等，皆會影響健康與疾病；積累不健康的飲食習慣會造成三脂高，和心血管疾病亦有很大關聯。

心理：情緒管理、壓力管理、人格特質等等，例如擁有正向情緒的人會更加積極去照顧自己的健康，在疾病當中復原的速度亦比較快。經常生氣的人亦會令血壓上升、心跳加速。情緒亦會影響尋求醫療處置的決定，對求醫和作身體檢查恐懼的人，可能會因而延遲治療。

● **社會因素**

群體力量：與身邊群體的關係、文化習俗、制度規範、職業工作等等，比如良好的人際關係會令人在壓力時有更佳的支援，也更能促進良好的自我照料。

媒體教育：還有透過大眾媒體和家庭學習到關於健康相關的行為、態度和信念，近年媒體經常報道關於身心靈健康的訊息，亦都提高大眾覺察自己和關懷身心社靈健康。

✦ **生活方式問卷**

生活習慣自測表有 7 項，每一項「有」可以給自己 1 分，「沒有」的話就 0 分，再把所得分數相加。

得分	項目	
	我每天都有充足的睡眠。	
	我注意飲食，不會過量或過少。	
	我很少吃零食和沒有營養的食物。	
	我的體重標準。	
	我沒有吸煙、濫用酒精或藥物的問題。	
	我有運動的習慣。	
	我的生活有目標，經常感受到正面的情緒。	

研究發現，在相同年齡組別，生活方式問卷得分高的人士，其健康狀況明顯比較好。而在不同年齡組別裏，那些得到滿分的，相比起年輕 30 年，但在問卷當中只得 0 到 1 分的人，身體健康狀況相若。學者 Breslow (1983) 曾對這些研究對象進行後續研究，觀察他們在九年半之後死亡的情況，研究發現，若果生活問卷的得總分上升，死亡率會因而下降（李凌、蔣柯，2008）。

在資訊發達的社會，每天我們都主動和被動地接觸許多資訊，然而，當沒有覺察到這些資訊對於我們有甚麼貼身影響的時候，自不然會把資訊擱在一邊，不會啟動我們的內在動機去執行。本書旨在從身、心、社、靈四個重要的面向，讓讀者學習與反思整全健康的執行力。健康心理學提出的概念，提醒我們要成為積極的參與者，而在成為積極參與者之首，必先強化積極動機，訂立並且執行健康的目標與行為。

心理學家的身心社靈健康 ❹ 步曲

❶ 身

中國古代早有形神共養的主張，戰國時代著名思想家莊子提出「形全者神全」（《莊子·天地》）和「其形化，其心與之然」（《莊子·齊物論》），説明保健先要養形，形體健全，精神也就良好。身體健康是一種讓大眾實現潛能的生活能力（李凌、蔣柯，2008）。政府統計處於 2021 年 12 月公佈主題性住戶統計調查第 74 號報告書，調查結果顯示，香港患有慢性疾病人士所佔的比例為 30.6%，65 歲或以上患慢性疾病的人口比率更加佔75%。而在統計前 30 天內曾就醫的人士佔所有人士的百分比為 16.9%（政府統計處，2021）。健康是「1」，人生其他的追求和擁有，理想、愛情、財富等是「0」，欠缺了「1」，之後一切皆為空談。

身體健康是人生一切追求的基礎，卻很少人在健全的時候會思考和主動學習如何促進健康。撇除了遺傳以及外在環境等不能控制的因素，個人執行促進健康的目標可從生活習慣着手，比如是休息、運動、飲食和慢性疾病處理，關於健康心理學中身體健康促進的資訊，和如何更有效照料身體，將於第一章詳細分析。

② 心

心理衛生會在 2021 年公佈了一項訪問，指港人抑鬱指數由 2018 年的 5.52 上升至 2020 的 6.07。另外，本地機構 Mind Hong Kong 於 2019 年進行調查，發現 61% 香港成人正經歷較差的精神健康狀態。在經歷數年的疫情和面對許多不能控制的因素下，個人需要調節生活形態、人際溝通，甚至工作模式，對大眾的心理和精神健康免不了構成或多或少的挑戰。

心理因素與身體健康息息相關，一些發達國家對醫院門診病人的調查發現，純屬身體疾病的患者只佔 1/3，而神經官能和各類身心疾病佔 2/3（鄭莉君，2014），也就是説，心理社會因素相關的疾病佔門診病人的 60-70%。心理健康有眾多的解釋，而其中一種常見定義是個人感覺良好並能夠積極應付生活。心理健康是整體健康不可或缺的一部分，良好的心理狀態能有效協助我們解決生活問題、面對各方面的挑戰、達成個人目標和享受生活，而擁有正向心理的人患病風險較低，壽命更長。了解自我、調適情緒和抗壓力是促進個人心理健康的必修課，將於第二章深入討論。

③ 社

心理學家 Bronfenbrenner 提出的生態系統理論 (Ecological Systems Theory) 解釋了人的成長與人際關係受五個系統：微系統 (Microsystem)、中系統 (Mesosystem)、外系統 (Exosystem)、宏系統 (Macrosystem) 和時間系統 (Chronosystem) 所影響，指出人與環境是有着無法切割的關連。生態系統理論強調每個層次的系統皆會影響個人的發展，小至個人生活規律及家庭成員變化，大至國家社會政策和流行文化。作為社會動物，人與人的互動、親密程度和社交質量都影響我們的身心健康。

良好的社交和人際不只對身體有正面影響，更會促進我們達致真正的快樂和幸福，學者 Ryff 和 Keyee（1995）認為若要達致真正的快樂和幸福，應具備以下三方面的健康：情緒健康、社交健康和心理健康。其中社交健康就包括：社交接納 (Social Acceptance)、社會實現 (Social Actualization)、社會貢獻 (Social Contribution)、社會凝聚 (Social Coherence) 和社會共融 (Social Integration)。對人抱持正面信任的態度、關心社會、貢獻社會、投入社會的事情、感到自己是社會的一分子是在個人人際以外，可以提升健康的目標，關

於婚姻及親密關係、職場、人際相處與及社會環境和健康的關係將於第三章探討。

時間系統

宏觀系統

外在系統

中介系統

微觀系統

媒體

家庭
與學校

家長
的工作

文化

法律

家庭‧學校
同儕‧社區

同儕團體與家庭

學校的教育方向

社會階層

鄰居

社區
組織

教會

政府
部門

政治

經濟

◆ **社會生態系統理論**
（Bronfenbrenner, 2001）

④ 靈

根據考古學家和人類學家的研究，距今大約 25,000 至 50,000 年前的人類，因不理解人體、做夢的原因和人死後的世界，已開始有靈魂的說法（鄭莉君，2014）。中國文化中對「靈」的理解早見於春秋時代《左傳·昭公七年》中，「人生始化曰魄，既生魄，陽曰魂。」而中國傳統有關靈性的討論，也大都聯繫到：精、神、心、氣、智、魂、形、意、靈、自然等（關瑞文，2016）。

以往傳統觀念或宗教對於靈性的概念顯然和現在的傳譯故然有差異。在過去幾十年間，不少地區的世界衛生組織（WHO）代表曾提出，靈性該是健康的第四維度。而在 1983 年第 36 屆世界衛生大會上，22 個國家的代表正式建議要把靈性維度列入健康的定義中。不少人對「靈性」一詞感到模糊，其解釋可參考 WHO 文件：WHA37.13 中「靈性維度所指者，乃非物質現象。它叢生於人類的心智和良知，屬於觀念、信念、價值及倫理的範疇，尤指那些高尚觀念」（關瑞文，2016）。也就是說，靈性是指觀念、信念、價值、倫理之事。促進個人靈性的健康，可聚焦於人生價值、信念、個人發展和宗教等，將於第四章詳細分析。

參考資料

- Bronfenbrenner, U. (1977). *Toward an experimental ecology of human development. American psychologist*, 32(7), 513.

- Bronfenbrenner, U. (1995). *Developmental ecology through space and time: A future perspective.* In, P. Moen, G. H. Elder, Jr., & K. Lüscher (Eds.), *Examining lives in context: Perspectives on the ecology of human development* (pp. 619-647). American Psychological Association. DOI:10.1037/10176-018

- Engel, G. L. (1977). *The need for a new medical model: a challenge for biomedicine.* Science. 196 (4286): 129-36. Bibcode:1977Sci...196..129E.

  DOI:10.1126/science.847460. PMID 847460

- Mind Hong Kong. (2019). *Press release: world mental health day.* Accessed 23 January 2022. https://www.mind.org.hk/press-releases/wmhd2019/

- Ryff, C.D., & Keyes, C. L. (1995). The structure of psychological well-being revisited. *Journal of Personality and Social Psychology*, 69(4), 719-727.

- World Health Organization. (1984). *WHA 37.13: the spiritual dimension in the global strategy for health for all by the year 2000.* Accessed 23 January 2022. http://apps.who.int/iris/bitstream/10665/160950/1/WHA37_R13_eng.pdf.

- World Health Organization. Regional Office for Europe. (1984). *Health promotion: a discussion document on the concept and principles: summary report of the working group on concept and principles of health promotion*, Copenhagen, 9-13 July 1984. Copenhagen: WHO Regional Office for Europe.

  DOI: https://apps.who.int/iris/handle/10665/107835

療癒之書——身心社靈健康手冊

- 世界衞生組織 (1948)，〈世界衞生組織對健康的定義〉，網址：http://www.who.int/suggestions/faq/zh/index.html。

- 李凌、蔣柯 (2008)，《健康心理學》，華東師範大學出版社。

- 香港心理衞生會 (2020)，〈全港抑鬱指數調查 2020〉，網址：https://www.mhahk.org.hk/index.php/20210121depressionscreening-2/。

- 香港特別行政區政府統計處（2021），〈主題性住戶統計調查第 74 號報告書〉，香港特別行政區政府統計處，網址：https://www.censtatd.gov.hk/en/data/stat_report/product/C0000022/att/B11302742021XXXXB0100.pdf。

- 鄭莉君（主編）（2014），《健康心理學》，中國人民大學出版社。

- 關瑞文 (2016)，〈探索「全人關顧」——「靈性」的本色化〉，香港中文大學崇基學院神學院第 50 期專題文章 -2016 年 11 月號，

  網址：https://www.theology.cuhk.edu.hk/tc/publication/newsletter/issue50/article。

第一章　身

You Are What You Eat ——
食物與營養的力量

煦來攘往的旺角，人車皆在趕路，有一中女倚在朗豪坊的圓柱，一邊輕揉搓着腳踝，一邊壓抑着痛至扭曲的五官，心想：「死啦，唔通我個膝頭哥退化到行落一級都平衡唔到拗柴？！」因為這一拗，中女開展了和脂肪的對戰，10 個月內由 76 公斤，減至 53 公斤。"You are what you eat" 就是筆者在捍衛身體健康的旅途中，自我激勵的金句。

對於「A4 腰」和「反手掂肚臍」，相信一眾女性讀者即使沒有參與亦不會無所聞，為保持美妙體型和健康的「168 飲食」、生酮飲食法近年受到追捧，飲食和體態，與健康密不可分。人進食和飲水是為了維持身體和外界的物質交換，進行新陳代謝，讓生命得以延續。「民以食為天」、「辛苦搵嚟至在食」乃中國文化傳統，數千年的飲食文化流傳下來，早已超越求生的目的，更多是代表地區文化、社交生活以及個人的選擇。飲食習慣同時亦受流行文化的影響，學懂如何吃，健康在你口。

吃出健康還是吃出疾病？

健康促進是積極建立正確且有益健康的行為，而良好的飲食習慣對身心健康有着舉足輕重的影響。根據衛生防護中心統計（2021），香港人最主要死因首五位分別是：惡性腫瘤、肺炎、心臟病、腦血管病和疾病與死亡的外因。近年，在香港以至全中國的慢性病，如心臟病、糖尿病、中風等，患者數目皆有所上升，年齡亦呈現下降的趨勢。

研究表明，不健康的行為因素，如不健康飲食、欠缺運動、吸煙、酗酒等是導致這些疾病的主要原因（Steyn & Damasceno，2006）。很早期的美國研究已指出，美國人的十大死亡原因中，心臟病、癌症、中風、糖尿病和動脈粥樣硬化，皆與飲食習慣有高度關聯 (National Center For Health

Statistics, 1988)。《癌症流行病學、生物標記與預防》（2012）在美國發表一項針對近七萬名素食者罹患癌症機率的調查發現，純素者減少癌症的總發病率達 16%，也可降低 34% 女性特有癌症風險。美國北卡羅納州大學 Duke University in Medicine 藥理學及癌症生物學教授 Jason Locasale 與其他研究員於 2019 在《自然》科學期刊曾發表一篇研究，指出嚴格限制飲食中的蛋胺酸 (Methionine) 攝取，可以阻止癌細胞生長。而茹素一個月，血脂肪和血糖都有下降，這也是筆者親身所見證的效用。

飲食要對得起自己

話雖如此，並不是鼓吹全部人盲目茹素，飲食均衡乃保持健康的皇道。人類來到世上最初嚐的是帶甜的母乳，而對油膩和脂肪的喜好亦源於身體對保暖運作的需求，愛甜愛油可謂天性，而現代社會便利的加工食品又如此可口，如何可以不讓自己苦行般維持良好體型，又可健康地享受美食，是大眾需要學習的知識。

以往在壓力大，或者日程滿滿忙碌的時候，特別喜歡開一包薯片，一口一口咬下清脆的聲音、不同味道的刺激委實讓人身心舒暢；珍珠奶茶的茶香在口中蕩漾和珍珠的煙韌口感亦曾常常讓筆者心癢癢，無法抵抗。每個人都有自己的 comfort food，

即可以安撫心靈的食物，在日常忙碌壓力下可以讓我們專心享用的充電源料。可是情緒化或放任式進食往往會攝取過多不必要的糖份，而高糖和加工食品除了可口，對健康並無積極作用。

在 2021 年減脂時期，筆者把人體營養重新認真學習一遍，亦從不同的研究文章的結果中重新建構對食物的認知。人體的能量攝取來自食物，而食物中，碳水化合物、蛋白質及脂肪皆可提供人體所需的熱量。有別於古代需要以勞力運作為生，現代生活以腦力為核心，過多攝取會造成脂肪囤積，不利健康。傳統飲食金字塔提倡以五穀類為主；然而，健康飲食的比例分配更多應該配合個人體重、年齡和生活動態。因此，實行健康飲食，先要有正確的認知。

● 健康飲食 4 大要點

1. 飲食不只是生理需求，亦是文化現象和含有心理學意義，如與別人一起進食比獨自進食較容易吃多；用較小的碟較容易控制食量；當很想感受到快樂的時候，特別思念甜吃，因為糖份可以令血液中的血清素上升，使心情變好。

2. 不同人對食物的耐受性不同，遺傳基因影響身體對食物的消化、吸收、儲存，人的基礎代謝也有差異，但最後一點是可以透過持續運動，增加肌肉量而改變。

3. 健康飲食標準必須個人化，要配合個人的身體機能、年齡、當下身體狀態、工作和運動模式而不時調整。例如一個有

健身習慣的人，需要更多蛋白質攝取；而一個減脂期的人要控制精緻碳水化合物的攝取，多吃粗糧及原型食物。

4. 自行突然大幅減少卡路里攝取或許讓你很快看到瘦身成果；但長期過少營養吸收只會破壞健康，讓身體對脂肪儲存的欲望更強烈。

🍃 卡路里不只影響體型，還影響壽命

肥胖是現代社會最常見的體重異常，衞生署 2017 年公佈香港約五成年齡介乎 15-84 歲人士屬於超重或肥胖，約 86.3% 人口超出世界衞生組織膳食鹽攝取量標準，高膽固醇血症患病率達 49.5%、蔬果進食不足比率是 94.4%。肥胖帶來的潛在健康風險不只影響個人，家庭和社會醫療亦會因而增加負荷。

《過度飲食心理學：當人生只剩下吃是唯一慰藉》的作者，臨床心理學家 Kima Cargill 指出，消費文化、社會從眾、廣告等等，推動大眾養成過度飲食的習慣，社交媒體充斥着飲食博客、美食推廣，標榜健康的零食廣告都會有意無意間殖入我們的記憶，當遇上壓力時，十分容易會聯想到這些食物，從而每一日攝取過多不必要的卡路里。舉例，快餐文化是影響不少當代人在開心時會進食高熱量食品的一個文化產物。記得小時候，屋企人會跟我説：「你乖呢，我就會帶你去食薯條、漢堡包飲汽水」。久而久之，食薯條漢堡包跟飲汽水便成為了許多

小朋友獎勵自己，和開心回憶的連結。長大後，想要重拾開心的感覺，自不然更加容易進食快餐。

避免攝取過多卡路里不只有利於健美體態，還可延年益壽。早在 30 年代就有在白老鼠的研究發現，把其飲食減少 30-50%，可以延長其壽命，還能延緩衰老相關的各種疾病。80 年代後期，美國國家老齡化研究所也開始有針對恒河猴的卡路里和衰老而實行的長期研究。結果證實，減少 30% 卡路里攝取的恒河猴沒有營養不良或飢餓，但糖尿病和癌症發病率則明顯較自由進食和攝取卡路里的恒河猴低。因此，美國國家老齡化研究所的專家指出，「限制卡路里」可以有效改善健康 (Riley, 2022)。

所謂「計住卡路里」飲食其實是選擇飲食的智慧，例如食 3 兩炒菜為你帶來 88 千卡的熱量和 6.8 克脂肪，而 3 兩燴菜則只有 28 千卡和零脂肪。午餐吃乾炒牛河為你帶來大約 1,237 千卡，選擇雪菜肉絲米粉則只有約 330 卡路里，但同樣雪菜肉絲，雪菜肉絲炆米卡路里就高達 1,200。綜合研究和經驗，減脂減卡路里絕對不代表捱肚餓，但要食對東西。增加低卡飽肚蔬菜，如番茄、青瓜、西蘭花的攝取，減少加工食品，尤其是油糖混合食品，如油炸鬼（油條）、蛋糕、薯片、雪糕、餅乾等，可以保持飽肚，慢慢改變身體的健康。

🍃 與飲食有關的心理障礙

留意 The Carpenters 始於他們多首膾炙人口的金曲，亦因為主唱 Karen Carpenter 進食障礙的故事。Karen Carpenter 和哥哥 Richard Carpenter 組成的 The Carpenters 乃 20 世紀 70、80 年代美國著名組合，不但歌聲繞樑動人，公眾形象非常正面。不幸的是，Karen 於 32 歲時因長期服用瀉藥及催吐劑以不斷減重導致心臟衰竭而離世，她的離世讓大眾開始關注一個身心相關的飲食失調：厭食症 (Anorexia Nervosa)。

● 厭食症受年幼經歷影響

厭食症與為保持苗條體型而減吃或一般斷食法並不相等，厭食症是心理障礙，患者有異於常人地害怕發胖，對自己的身形有扭曲的認知，即使已經比一般人瘦，仍覺得自己肥胖，導致內分泌失調和引起情緒問題（如抑鬱症、焦慮症）有相當的關聯性，需要接受專業治療。許多理論試圖從不同的角度去探討厭食症的病因，一般認同患者成長經歷和性格特質與厭食問題有高度關聯。以生物層面而言，遺傳基因和生理因素，如大腦中的神經傳遞物質失調，血清素分泌過量亦是引起厭食行為的原因。厭食症患者常見抗利尿激素分泌異常，去甲腎上腺素活性亦較弱（李凌、蔣柯，2008）。

臨床經驗讓我意識到，厭食症不只是「食」的問題，更多是心

理層面上的「控制」，當了解背景時，會發現不少個案年幼時有類似的經歷；例如小時候曾因體型肥胖被人取笑、家長或主要照顧者對個案要求很高、人際關係緊張，個案不自覺把對於外在因素引起的無力和焦慮感，轉移到控制自我身上，控制進食、控制體重、控制體型。厭食症大多在青少年時期發病，平均年齡是 17 歲。Minuchin, Rosmam 和 Baker (1978) 的研究發現，不良的家庭環境，包括：1. 家庭糾紛頻繁，家庭關係緊張；2. 從小受到過分溺愛，缺乏獨立性；3. 家庭結構僵化、專制、欠靈活性；4. 當事人或家庭成員缺乏解決衝突的技能，經常迴避衝突，皆與厭食症的發病有相當關聯。

誠然，大部分心理及精神問題並非由單一因素引起，以生物心理社會模式 (BPS) 的理解，就是三個因素交互作用所引起並相互影響。

● 暴食症因欠缺自控能力

除了厭食問題，還有另一個較難發現，也較少向心理專家主動求助的飲食失調問題：暴食症 (Bulimia Nervosa)。在網上看到健康飲食群組會員的交流，往往不乏因減肥減重壓力大，愈是着緊，愈是控制不了欲望，身體無法調適因突然極端飲食而激起的生理反應，如極大的飢餓感、因熱量攝取過低而目眩、不能集中工作、對高熱量食物的渴望等，最終開始大口大口吃，及後又十分懊悔，又開始極端飲食，形成惡性循環，減重

宣告失敗。某些會員更指自己會誘吐和以極端斷食來補償吃多了的東西，看到這些貼文，真有點替他們的健康憂心。暴食問題不只是偶意控制不了多吃一、兩件蛋糕，更多是長期不能自控地暴飲暴食，然後因彌補而自我誘吐、濫用瀉藥或間歇禁食來避免體重增加的病態循環。與一般親朋好友約食自助餐暴飲暴食後幾天吃少一點不同，暴食症乃持續三個月以上，每週至少有兩次無法控制地暴食，吃下常人無法吃下的份量，且一而再出現不當的補償行為，自我價值與體重身形密切相關。因暴食患者的體重一般維持在正常狀態，故較難被發現。一些研究指出，暴食症患者能意識到自己欠缺自控能力，亦會因而焦慮，同時他們也沒有有效應對的方法，對與美食的博弈束手無策。

✦ 暴食症的心理障礙

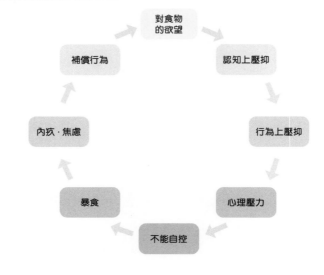

● 適切求助不可少

與厭食症一樣，暴食症大大影響患者身、心、社、靈健康，是需要得到治療的。嚴重的患者除了承受不想被別人批評而自我孤立、情緒波動等精神壓力外，還因不正常飲食而導致腎臟損傷、慢性消化不良、閉經或月經不調、身體器官損傷等後果。有效治療包括結合藥物治療、認知行為治療、人際療法和灌輸正確的營養知識，如有這方面的疑慮，請立即向專業醫生或心理學家求助。

 心理學家的健康飲食 ❺ 步曲

❶ 了解自己的飲食習慣

要透過飲食促進或改善健康，先要了解和釐清個人每天所需要的營養和不必要的攝取。檢視自己過去一星期的飲食習慣：

- 一天吃多少餐？
- 是否定時進食？
- 是否定量？
- 每天大概攝取多少卡路里？
  （可借助網上資訊作計算）
- 食物分配，碳水化合物、蛋白質及脂肪、蔬果攝取比例如何？

- 現在的BMI是否標準？〔BMI＝體重（kg）/身高（m^2）〕
  現在的飲食模式可否讓你攝取基本所需？
- 現在的飲食模式可否讓你促進健康？
- 有沒有情緒化飲食，不自覺進食過多加工或高糖高油
  的零食？

Body Mass Index（BMI）是身高體重的指數：

- BMI 少於 18.5 ➡ 體重過輕
- BMI 在 18.5-24 間 ➡ 健康體重
- BMI 在 24-27 間 ➡ 體重過重
- BMI 超過 27 ➡ 肥胖

即使 BMI 理想，也不能全面代表健康，因為正常體重也有可能內臟脂肪過高或有中央肥胖問題，若要了解身體健康狀況或對身體健康狀況有疑問，建議諮詢醫生或作詳細的身體檢查。

2 實行可持續的健康飲食方案

前部分提及每人體質和需求有異，了解自己飲食習慣和需求，才可以為自己訂立合理而可持續的健康飲食方案。若要改善體質，從食物中攝取更佳營養，建議先從

資料蒐集開始，認識食物營養以確保自己每天的飲食可從不同的食物中攝取良好的營養。選擇喜歡又有營養的食物，減少進食加工和高油高鹽高糖的食品。

其實吃對食物不會胖，吃多了不必要的才會。假若需要減脂，先為自己設定合適的目標，不宜操之過急。例如，先減少醣份攝取、堅持每星期有 6 天不吃零食和甜飲、每餐實行多菜少肉、保持攝取不多於所需的卡路里等。捱餓絕對有損身心社靈健康，缺乏基本營養也會令身體機能大受影響，長期單靠節食減脂又欠缺運動會造成肌肉流失，形成易肥的體質，容易復胖。

❸ 有計劃地飲食

列出健康飲食的餐單，計算每天需要的卡路里並合理地分配各餐，若要外出進食，選擇在計劃以內的食物。可以把零食、水果和小食寫進計劃，並嘗試堅持最少三星期，讓健康飲食成為習慣。進食時避免一邊説話一邊進食，研究指當我們和朋友一起進食時，攝取的食物會比自己一個食飯更多，所以當與朋友聚會，説話時盡量放下自己的餐具，養成小小的習慣都可以慢慢改變我們對飲食的覺察力。

④ **多吃原型食物（Whole Food）**

食物的烹調方式也會影響營養輸出，原型食物可提供豐富的維生素與礦物質，大部分原型食物跟加工食品相比，糖份和添加劑較低，減少因攝取高糖而導致的胰島阻抗、二型糖尿病和脂肪肝的機率。原型食物是指未經過度加工，可以看出原本天然樣貌和狀態的食物，包括：水果、堅果、新鮮的肉類、蔬菜等，以簡單烹調方式，如蒸、煮、少油炒，取代過油過鹹的口味。

選擇類型	減少	增加
澱粉質類	白米、麵包、薯條、即食麵	藜麥、糙米、南瓜、粟米、番薯
蛋白質	加工肉，如香腸、午餐肉	雞蛋、雞胸肉、牛扒、三文魚、豆腐
蔬菜	多油多鹽或過分烹調的蔬菜	青瓜、番茄、深綠色蔬菜、瓜類
水果	提子、芒果、水果乾等高糖水果	奇異果、蘋果、藍莓、火龍果
脂肪	五花腩、蛋糕、沙律醬、花生油	堅果、橄欖油、亞麻籽油

❺ 正念飲食法

正念飲食第一步，就是要覺察進食的目的，有研究指出，癡肥、肥胖的人群和正常體重的人有一個明顯的差別，就是正常體重的人會根據自己身體飢餓而感覺到進食需求，但癡肥和肥胖的人，會較容易被外在的訊息或圖像吸引，即使在沒有需要的時候仍然感覺自己想要進食。要覺察和分辨身體上真正的飢餓感和欲望，想進食是因為生理需要，並非情緒化的發洩。

當我們進食時，可以進行以下的步驟：

1. 留意食物的營養含量，是否身體需要？
2. 食物來到面前時不要一開始就張嘴大吃，可以先看看食物的顏色、聞一聞食物的氣味、由一小口開始，慢慢放入口裏，用舌頭品嚐食物的質感、專注於食物在味蕾散發的味道、一下一下慢慢咀嚼，慢慢吞嚥。
3. 當吞嚥時，放下餐具，要確保完全把食物吞下，才開始第二口的食物。
4. 放慢飲食的速度，讓胃部有足夠的時間接收食物，同時讓大腦覺察飽肚的感覺，從而減少過度飲食。

療癒之書——身心社靈健康手冊

參考資料

- Cargill, K. (2015). *The Psychology of Overeating: Food and the Culture of Consumerism*. Bloomsbury Academic.

- Minuchin, S., Rosman, B. L. & Baker, I. (1978). *Psychosomatic Families: Anorexia Nervosa in Context*. Cambridge, MA: Harvard University Press.

- National Centre for Health Statistics. (1991). *Vital statistics of the United States*, 1988. U.S. Department of Health and Human Services. Vol. 2, Section 6. DHHS Publication No. (PHS) 91-1104. https://www.cdc.gov/nchs/data/lifetables/life88_2acc.pdf

- Riley, A. (2022).〈長壽與健康：限制卡路里攝入量是否健康長壽的秘訣？〉BBC 中文。網址：https://yahoo-news.com.hk/BBCChineseNews/27949/?yptr=yahoo

- Steyn K., Damasceno A. (2006). Lifestyle and Related Risk Factors for Chronic Diseases. In: Jamison, D. T., Feachem, R. G., Makgoba, M. W., Bos, E. R., Baingana, F. K. , Hofman, K. J., Rogo, K. O., editors. *Disease and Mortality in Sub-Saharan Africa*. 2nd ed. Washington (DC): The International Bank for Reconstruction and Development / The World Bank; 2006. Chapter 18. PMID: 21290651.

- Tantamango-Bartley, Y., Jaceldo-Siegl, K., Fan, J., Fraser, G. (2012). *Vegetarian diets and the incidence of cancer in a low-risk population*. Cancer Epidemiol Biomarkers Prev. 2013 Feb;22(2):286-94. DOI:10.1158/1055-9965.EPI-12-1060

- Gao, X., Sanderson, S. M., Dai, Z., Reid, M. A., Cooper, D. E. Lu, M., Richie Jr, J. P., Ciccarella, A., Calcagnotto, A., Mikhael, P. G. Mentch, S. J. Liu, J., Ables, G., Kirsch, D. G. Hsu, D. S. Nichenametla, S. N. Locasale, J. W. (2019). Dietary methionine influences therapy in mouse cancer models and alters human metabolism. *Nature* 572, 397-401. DOI: 10.1038/s41586-019-1437-3

- 崔永豪（2021），《飲食失調（包括厭食症、暴食症）》，青山醫院精神健康學院，網址：https://www3.ha.org.hk/cph/imh/mhi/article_02_01_05_chi.asp。

- 衛生署衛生防護中心（2021），《二〇〇一年至二〇二〇年主要死因的死亡率》，香港特別行政區政府衛生署衛生防護中心。網址：https://www.chp.gov.hk/tc/statistics/data/10/27/117.html。

- 李凌與蔣柯（2008），《健康心理學》，中國：華東師範大學出版社。

睡眠和休息浪費時間？——
真正浪費時間卻是⋯⋯

被譽為天才少女的自由式滑雪運動員 Eileen Gu（谷愛凌）在 2022 年北京冬季奧運會中大放異彩，挑戰自我勇奪世界冠軍，網民紛紛討論其背景和天賦。除了天賦，成功更需努力和用對的方法。Eileen 多次在訪問中強調，她喜歡嘗試不同的活動，而且，從小就有一個秘密武器——保持每天最少 10 小時的睡眠，「睡眠是會促進身體和大腦的成長，睡眠也是一個複習時間，所以會複習一下當天學的所有事。」

呼吸、進食、睡覺以及排泄乃人體與生俱來的基本需求和能力，如果其中一項基本生理運作出現問題，身體就會響起警鐘。年輕的身體機能運作良好，即使在通宵玩樂或趕論文後，第二天仍可應付日常活動，「無呀，通咗兩晚頂攪掂啦」、「尋晚瞓得三個鐘」、「個個都係瞓得兩、三個鐘，得㗎啦」，覺得睡得愈少，愈是厲害，不自覺地為自己「睡得少」而自豪。當機能運作正常時，不少人會有錯覺：覺睡得太多是浪費時間、睡少一點便可撥出更多時間做不同的事、專家提倡要睡 7 至 8 小時，沒有必要吧。

香港創新企業 SLEEEP 於 2020 年進行網上問卷，指出港人平均日睡 4 小時（香港財經時報，2020）。香港大學民意網站 (2003) 曾作出大型的調查顯示，在 1,032 位受訪者中，有 39.8% 認為自己睡眠不足，不少受訪者指自己的睡眠質素欠佳，有 60.9% 稱過去一星期曾有半夜睡醒的經驗，當中 45.9% 在每晚半夜會醒兩次或以上。不論是主動削減或是無奈被剝奪，優質的睡眠與休息，在這個城市似乎不是每個人都能隨心所欲地享受。

🍃 睡眠的作用是甚麼？

港大民調中分別有 54.3% 與 53.8% 受訪港人認知到睡眠是「讓身體恢復器官功能 / 休息」和「恢復體力 / 精神」，卻分

別只有 1.9% 指出睡眠可穩定情緒、1.7% 説睡眠可加強記憶力和 1.5% 認為睡眠可加強學習能力（香港大學民意網站，2003）。由此可見，即使有關睡眠的研究已經不斷在強調睡眠在生理和心理上的重要功能，大部分港人還停留在睡眠主要是讓身體恢復的認知。睡覺第一個重要的功能，就是幫助我們處理記憶。經常失眠或睡眠質素差的人，慢慢會發現自己記憶力變差，這並不是錯覺。我們每一天所經歷的事情都會暫存在短期記憶，而晚上睡覺的時候，大腦就會把這些記憶嘗試組織與整合，繼而儲存起來。良好而穩定的睡眠更可協助我們平衡壓力、減少焦慮與抑鬱情緒、增加創意，對身心社靈健康非常重要。

● 早睡早起，精神真的好

現代生活講求即時性和靈活性，尤其疫情期間，生活、工作、作息、消費模式的轉變，讓我們更多使用互聯網，而各種社交媒體、網遊、網購、源源不絕的戲劇和綜藝娛樂節目全天候 24 小時為我們服務，令保持穩定且優質的睡眠變得更具挑戰。

「睡眠相延遲症候群」（Delayed sleep-phase syndrome，簡稱 DSPS）是指晚睡晚起的睡眠習慣，這類人通常習慣在凌晨 2 至 5 時才能入睡，部分更要等到天亮才入睡。雖然晚睡，但一旦睡着，睡眠時間卻跟正常人相若。晚睡一點好像沒有甚麼

影響吧？不是的。一項睡眠剝奪實驗的研究顯示，睡眠相延遲症的人在睡眠剝奪之後睡眠損失的代償能力，通常較一般人既弱且慢，若嘗試進行睡眠時間的調整，患者對接受光線誘導的能力也較弱，不易維持到合乎正常，即大約晚上 11 時入睡的時間週期。

除了晚睡，睡得少對我們也有很多負面的影響。精神病學家 Charles Dement 是美國史丹福大學睡眠研究中心的創始人，在其研究當中發現，短期睡眠不足會導致頭暈、思維遲鈍、視力模糊、記憶力衰退，而長期睡眠不足則和肥胖、胰島素抵抗 (Insulin Resistance) 和心臟病有關聯 (Dement, 1999)。另外，還有研究顯示夜間照明過度有很大的機會與心血管疾病、糖尿病、肥胖以至癌症，尤其是乳癌甚有關聯。研究人員指出，女性因夜間照明過度而增加患癌等風險是因為褪黑激素含量較低，以致影響雌激素生產（方婷，2015）。

無心睡眠不只腦交戰，還增加情緒病風險

縱然可保持基本日常活動，青少年缺乏睡眠實際上會削弱大腦學習新資訊的能力，還會增加抑鬱和攻擊性等情緒問題。Columbia University 一群研究人員發現，比起經常夜半三更不睡覺的同伴，在晚上 10 時或更早入睡的青少年，會較少受

抑鬱困擾或生起自殺的念頭 (Randall, 2012)。此外，美國國立心理衛生研究院 (National Institutes of Mental Health) 的一項研究指出，失眠患者同時患上抑鬱症的比率，是沒有睡眠問題人口的 40 倍。

1972 年曾經公佈一項非常有趣的研究，研究人員 Greenberg, Pillard, Pearlman 把參加者分成三組，三組參加者同樣被邀請觀看一齣令他們感到壓力與焦慮的電影。其後，研究員容許第一組的參加者在沒有干擾下正常睡覺；第二組參加者則被剝削其快速動眼期（即是在睡眠中造夢的階段）；第三組就被剝削非快速動眼期，亦即是非造夢的階段。第二天，研究員再重新讓所有參加者再次觀看那電影。結果發現，被剝削快速動眼期，即第二組的參加者，他們表現出最高的焦慮感。

以往不少精神科醫生及心理學家皆認同失眠是抑鬱症和焦慮症帶來的副產品。實情是，自《精神疾病診斷與統計手冊》(DSM) 重點說明要先處理原發性失眠以來，越來越多科研和專家開始把睡眠問題視為是心理或情緒問題的起因，而非結果。因此，筆者一直鼓勵那些在深夜還在努力學習的青少年，睡覺吧，良好而充足的睡眠才能鞏固日間學習到的知識和更好應付壓力，當然，良好時間分配對確保充足睡眠計劃也是必須的。

自我檢測

你睡得夠嗎？

以下是「艾和夫嗜睡量表」(Epworth Sleepiness Scale)，下列幾個問題可以自我測驗，了解自己是否有嗜睡的傾向及程度：

(1) 靜靜坐着閱讀，是否會睡着？

(2) 白天看電視時，是否會睡着？

(3) 在公共場合中，靜靜地坐着是否會睡着
  （例如在電影院或會議中）？

(4) 連續坐一個小時的公車或汽車是否會睡着？

(5) 坐着跟人談話是否會睡着？

(6) 在午餐後，雖然未喝酒，靜靜坐着是否會睡着？

(7) 當你開着車，在等紅綠燈時或塞車是否會睡着？

(8) 情況許可時，下午躺着休息。

上述 (1) 至 (8) 個問題中，當你回答時，若從未發生過則為 0 分；偶而發生 1 分；經常發生為 2 分；一直發生為 3 分。若 7 個問題的累積分數大於 12 分則你很可能已經有嗜睡問題，應檢視自己的睡眠習慣或盡快向專業人士求助，找出嗜睡的原因。

🍃 休息和 Hea-Hea 的重要性

在高度競爭的社會，把日程排滿，營營役役是日常，休息或會被視為不夠努力，浪費時間。從小到大，筆者都對「休息」和「休閒」有種無以名狀的內疚感，或許有一種自覺不夠優秀的自卑感在縈繞，忙碌似乎在某種形態上代表了盡力，即使是在國外旅遊，還是會立即回覆電郵、偷時間做功課、遙距處理工作。

2017 年，在香港樹仁大學完成了輔導心理學碩士課程後，並沒有預計中的躊躇滿志、雄心萬丈，迎面而來的，是迷失，是心無處安放的彷徨。就在那一年的暑假，我作出了一個勇敢的嘗試，放下視之為最重要的工作，參加一個為期 5 天的青年禪修營。一進營才知道要把智能電話和錢包交給工作人員，當時馬上泛起許多的擔憂與妄念：「啲 Clients 搵我點算？」、「屋企人有事會唔會聯絡唔到？」、「睇唔到新聞唔知出面發生咩事」。放棄了掙扎和不安，就這樣踏上我認為是改變一生的旅程。

在這之前，對佛學的認識和回憶就只限於一些零碎的閱讀和祖母那一部念經機。營後第一天打坐，不消 5 分鐘就把深層睡眠和呼嚕打出來，睡眼惺忪看身邊其他組員非常專注，也學着裝模作樣地專注。**才發現，原來讓心安靜下來回到當下，竟是一項極大的挑戰。**在草地上打坐，是廿多年來第一次細心觀感身

邊的事物，從來不意識到蜜蜂在身邊採蜜的聲音，也不知道草地原來有那千變萬化的顏色。每天早上 5 時起床看到陽光冉冉升起，我不再關心眼影畫甚麼顏色，當靜靜看着色彩斑斕旭日初昇的天空，心中不期然泛起一陣感動，讓我了解，身體需要休息，心靈也同樣需要休息。

休閒與身心社靈的健康

休閒是指必須的工作和休息以外的自由時間，包含了「休息」和「閒暇」，可以是旅遊、運動、興趣、娛樂、義工服務、培養植物和飼養寵物等，在自由時間中，從事足以令人恢復精神或體力的休閒活動（林東泰，1992）。研究指出，休閒活動有助促進身心健康、提高工作效率、發展自我概念、學習新知識和充實自己（李三仁，2007）。李明榮（2000）提出休閒的功能包含 5P (Profit, Pressure, Prestige, Pleasure, Performance) 和 5R (Rest, Release, Refresh, Rebirth, Recreation)。

5P 的功能

1. **有益身心 (Profit)**：正當的休閒活動有益身心發展，促進身心健康。
2. **紓緩壓力 (Pressure)**：休閒活動有效紓緩壓力，可調適生活。
3. **提升名望 (Prestige)**：參與休閒活動可增進人際關係，也可藉此提升個人身份與名望。

4. **心情愉快 (Pleasure)**：參與休閒活動可直接獲得愉悅感，讓心情舒暢愉快。

5. **生活技能 (Performance)**：在休閒活動中發展生活技能，將其成為自己技能的一部分，增加社會競爭力。

● 5R 的功能

1. **休息調養 (Rest)**：適當的休閒活動可以使身心得到休息調養。

2. **放鬆心情 (Release)**：從休閒活動中可獲得愉悅的經驗、使心情放鬆。

3. **恢復體力 (Refresh)**：在忙碌工作後，休閒活動可以消除疲勞、恢復體力。

4. **再生活力 (Rebirth)**：休閒活動可消除疲勞，使人重新投入生活，再衝刺以迎接新挑戰。

5. **娛樂消遣 (Recreation)**：除可獲得愉快的經驗外，休閒活動更可達到娛樂消遣、休養身心的目的。

着重睡眠和休閒，不但不會延誤工作，好好睡，好好玩，反而可以平衡和調適壓力，促進身心社靈健康。

心理學家的睡眠、休閒、娛樂 4 步曲

1 確保有足夠睡眠

雖然不少研究建議成人每天要有 7 至 8 小時的睡眠，但所謂「足夠睡眠時間」長短的需要會因個人體質、年齡、甚至季節而有所差異，有人需要睡 10 小時，個別少數則睡 4 小時就有足夠的精神去面對日間的工作和生活。一般來説，睡眠的長短主要取決於生理年齡，比如初生嬰兒每天需要最少 16 小時的睡眠，至適齡的學童就可減少至 9 至 10 小時；青少年至成人平均睡 7 至 8 小時；老年人只要晚間睡 5 至 6 小時，以及午睡 1 小時便可。簡而言之，當你感覺日常睡眠後仍無法恢復精神、常常感覺很疲倦或是睡眠時不能自然地進行，便要關注自己的睡眠質量了。

2 注意睡眠衛生

睡眠衛生並非指睡眠時的地點、床褥、抑或個人身體是否衛生，而是泛指與睡眠外在環境和生活習慣有關的各方面，包括上床睡覺的一整套程序。給自己訂下一套固定的睡眠規則，保持良好的睡眠質量，建立正確睡眠習慣更是必須的。

第一章：身

促進健康睡眠 9 大要點：

- 有規律的作息，讓生理時鐘習慣穩定的休息時間。
- 睡前至少 6 個小時避免飲用含有咖啡因的飲品，避免引起失眠。
- 睡前避免過飽或過飢。
- 在日間適量運動，但避免臨睡前進行劇烈運動。
- 訓練潛意識，即床就是睡眠，切勿在床上吃東西、看電視、上網或看手機。
- 不要在床上放過多雜物。
- 注意房間的溫度、睡眠時的光線、空氣流通度和減少躁音。
- 若躺在床上睡不着，千萬別看時間，沒有睡意不要賴在床上。
- 睡前用 5 至 10 分鐘做腹式呼吸練習，讓自己放鬆身心。

---

❸ 給自己預留睡眠以外的休息時間

身體需要休息，心也需要。除了要有足夠的睡眠外，日常碎片式的休息也不容忽視。在《休息的藝術》一書中，綜合了來自 135 個城市中 18,000 人的回覆，列出可以讓人感到處於舒適放鬆狀態中的休息方式，當中首五位包括：閱讀、徜徉大自然、我想獨處、聽音樂和甚麼事也不做。休息可以是動態或靜態，花的時間亦可長可短，為自己安排時間閱讀不同的文章、在效野散步、獨處時

享受泡浴或為自己精心烹製美食、聽喜歡的音樂或純粹不安排任何事隨心過一天，讓自己在精疲力竭的生活中得到喘息，實行好好自我照料。

閱讀不只是休閒，更可作為治療

1916 年，美國學者 Samuel McChord Crothers 在《大西洋月刊》雜誌發表文章，以 Bibliotherapy 一詞形容「閱讀治療」，而中國學者王波（2007）把「閱讀療法」定義為：閱讀療法就是以文獻為媒介，將閱讀作為保健、養生以及輔助治療疾病的手段，使自己或指導他人通過對文獻內容的學習，討論和領悟，養護或恢復身心健康的一種方法（鄭莉君，2014）。

④ 有玩樂才有快樂

人生總有忙不完的事，懂得放下手中的工作去投入玩樂不是懶惰，而是智慧。休息的方式，如閱讀、聽音樂、喝茶、散步等，是有意識的選擇、計劃和安排。休閒不僅能為我們帶來身心健康，同是可提供有益的啟發，讓我們在忙碌的生活中對自己的生活進行思考、探索、陶冶性情、豐富生活。Work hard, play harder，選擇感興趣的休閒活動，全程投入享受，是照顧身心社靈健康的良方。

因此，在選擇休閒活動時，除了讓自己感覺快樂愉悦的活動，也可以為自己訂立一些目標，如堅持發展一些興趣，讓自己進步，或者投入義工服務，了解社會上不同的群眾。持續投入工作以外的活動，不單讓人有滿足感，更可增加與人的連結和自信。

參考資料

- Dement, W. C. & Vaughan, C. (1999). *The Promise of Sleep: A Pioneer in Sleep Medicine Explores the Vital Connection Between Health, Happiness, and a Good Night's Sleep.* New York: Delacorte Press.

- Greenberg, R., Pillard, R., Pearlman, C. (1972). The effect of dream (stage REM) deprivation on adaptation to stress. *Psychosom Med.* May-Jun;34(3):257-62.

  DOI: 10.1097/00006842-197205000-00007. PMID: 4338295.

- Randall, D. K. (2012). *Dreamland: Adventures in the Strange Science of Sleep.* New York: WW Norton & Co.

- Seligman, M. E. P. (2003). *Authentic Happiness: Using the New Positive Psychology to Realise Your Potential for Lasting Fulfilment.* Nicholas Brealey Publishing.

- Hammond, C. (2019). *The art of rest: how to find respite in the modern age.* Canongate Books.

- 方婷（2015），《做自己的失眠治療師：圖解失眠自療》，非凡出版。

- 香港大學民意網站（2003），〈本地在職人士的睡眠習慣及模式〉，網址：https://www.hkupop.hku.hk/chinese/archive/report/qsleep03/findings.html

- 香港財經時報（2020），〈港人平均日睡 4 小時 美國研究：愈瞓得唔夠 賺錢能力愈低 專家分析 2 大原因〉，網址：https://www.businesstimes. com.hk/articles/，擷取日期：2021 年 4 月 29 日。
- 林東泰（1992），《休閒教育與其宣導策略之研究》，台北：師大書苑。
- 李三仁（2007），《休閒涉入對青少年價值性之探討》，嘉大體育健康 休閒期刊，6（2），184-190。
- 李明榮（2000），《談休閒活動的意義、功能及積極涵義》，國立台灣 體育休閒運動學系系列，3，57-59。
- 鄭莉君（主編）(2014)，《健康心理學》，中國人民大學出版社。

1.3

身材是最佳的名片？——
選擇活出你喜歡的樣子

不知從何時開始，日行萬步成為了「足夠運動」的指標，就連保險公司也以日行萬步可獲折扣和回饋作招徠。受疫情影響，健身室在 2020 至 2022 年間斷斷續續停業，香港各區即出現不少人在街上帶備器材健身的景象。習慣運動的人會告訴你：不能不動。但沒有運動習慣的，卻説：不做運動我還是好好的，有甚麼問題？

「日日運動身體好，男女老幼做得到」，這非但是康文署與衞生署合辦，自 2000 年推行全民運動宣傳口號，也是一位中學生在香港學校朗誦節中奪取「即席主題演講」亞軍的結語句。那位中學生口裏説得鏗鏘有力，遺憾的是，在她人生以後的廿年，都沒有以實際行動支持自己的論點。但，可幸的是，身體亞健康的狀態給她足夠的提醒，最終覺醒了，除了自己恆常的運動，更努力成為一個註冊體適能訓練員，實行表裏如一地推廣運動。

✦ 亞健康知多啲

亞健康是指人的身心處於疾病與健康之間的一種健康低質狀態，身體雖無明顯的疾病，卻有各種的不適感，如容易疲倦、生病、消化不良、肌肉痠痛等，亦會表現出活力減退，對外界適應力降低的一種狀態。

🗨 討厭運動嗎？ You are not alone.

相信沒有人對運動能給身體帶來正面的影響未有所聞，只是在「不喜歡」、「沒興趣」、「無時間」的前提下，大腦協助、篩選、過濾和去掉運動的動機。香港中文大學香港亞太研究所於 2016 年完成的一項民意調查指出，多達 34% 港人在過去

半年內很少、甚至沒有做任何運動。這個情況在近年健美風氣流行下似乎得以改善；2019 年有初創運動平台委托調查公司 Nielsen 進行調查，在 1,746 名受訪者中發現 79% 稱每個月最少運動一次；最多人（63%）是因「健美」而運動，其次是「改善健康」（37%）和「想挑戰自己」（28%）。

現代人欠缺運動的狀態引起全球的關注，*Global Status Report on Noncommunicable Diseases 2010* 指出，每年約有 320 萬的死亡個案可歸因於缺乏體力活動。而世界衛生組織於 2012 年出版的 *Global Recommendations on Physical Activity for Health* 亦指出，僅次於高血壓（13%）、煙草使用（9%）和高血糖（6%），缺乏體力活動已成為全球死亡之主要危險因素的第四位（佔全球死亡歸因的 6%）。

如何減少認知能力衰退？

隨着年齡增長，身體機能衰退似乎不能避免，持之以恆的運動和良好的體魄除了可保持身體機能運作，亦能減慢因衰老引起的問題。英國 King's College London 的研究團隊通過對 324 名身體健康的女性，為期十年的追蹤記錄發現，下半身肌肉群的爆發力強的人，年老後認知功能下降程度較低。因此，若在生活中持續練習箭步蹲、深蹲和快步行走的運動，能有效使頭腦保持年輕 (Steves, et.al., 2016)。

運動與良好的睡眠質量也有密切的關聯，運動時增加體溫並加速新陳代謝，促進血液循環，從而有助提升睡眠質量和心理健康。2010 年，*Journal of Clinical Sleep Medicine* 的一篇研究文章指出，中等強度的帶氧運動對改善失眠問題效果最顯著，受試者報告他們的睡眠總時數在運動後增加了 26%，而腦電波紀錄亦支持這個結論，顯示這組研究對象由上床到入睡的時間減少了 55%（方婷，2015）。

運動對情緒健康非常重要

飲食、休息和運動都可以積極干預身體健康的重要方法，身體狀態會影響心情，而心理狀態也會直接和間接影響身體健康。持續進行定期的身心運動，不僅能幫助放鬆全身，亦能有助減低患上情緒病的風險。Babyak 團隊在 2000 年研究 156 名患有抑鬱症的個案，他們被分為三組參與 16 週的研究：第一組被安排一星期運動 3 次 30 分鐘運動； 第二組服用抗抑鬱藥物治療；第三組則是運動加上抗抑鬱藥物治療。研究指出，第一組只是做運動的抑鬱症患者，對比另外兩組，恢復 (Recovery) 比率是最高而復發 (Relapsed) 比率是最低的。另外，美國杜克大學 (Duke University) 的研究人員發現，每週 3 次快走或慢跑半小時，對預防悲傷和難過的效果和每天定時服用抗抑鬱藥一樣理想。

● 流暢感 (Flow) 的愉快

在運動時身心集中、全神貫注、樂在其中而不知時光飛逝，可讓人把一切煩惱都拋開，從而達至「流暢感／心流」(Flow) 的狀態。匈牙利裔美國心理學家 Mihály Csíkszentmihályi 在研究藝術家、科學家時發現在他們的創作過程中，這些創作者專心不懈、不知飢餓和疲勞，完全沉醉在工作，而這種將個人精力完全投注在某種活動上的感覺，會令人有高度的歡愉及充實感，便把這種狀態稱為 Flow。達至流暢感不單是感覺積極，更有利於身心健康。

✦ 安多酚 (Endorphin) 知多啲

運動時產生安多酚令人心情愉悅，安多酚又名「腦內嗎啡」，是腦下垂體分泌的一種化學合成物激素，在體內可產生跟嗎啡般令人愉悅之感。2008 年，德國科學家利用 PET Scan（電子掃描）證實長跑運動能令人產生安多酚，使人出現「跑步者的愉悅感」(Running's high)，而安多酚的提升程度，更加與跑手主觀的愉悅感成正比（方婷，2021）。

🍃 做甚麼運動最好？

● 瑜伽有效改善思覺失調

各種運動皆對身心有正面影響，參與運動亦需要因應個人的興趣、體質、年齡、身體狀況而選擇，才能發揮最佳效用。在眾多運動中，身心運動對保持身心健康有非常正面的幫助，例如瑜伽和太極。作為一種運動，練習瑜伽對創傷、抑鬱症、長期痛症、過度活躍症，甚至是較嚴重的精神問題，例如思覺失調的症狀皆有明顯改善。香港大學李嘉誠醫學院精神醫學系在2014 年的研究指出，瑜伽可有效改善早期的思覺失調患者的記憶力、專注力及抑鬱情緒，突破傳統藥物治療的限制。

● 太極促進正面心理質素

太極聽上去是老年人的活動吧。曾經，這也是筆者的感觀，但當看到一系列的研究後，實在忍不住參加了第一個太極課。2020 年有一項關於太極鍛煉對成人心血管疾病患者心理健康影響的大型研究總括，恆常的太極練習有利於改善患有心血管疾病成年人的心理健康 (Taylor-Piliae, et. al., 2020)。另外，2014 年 在 *The International Journal of Behavioral Medicine* 刊登的研究表明，太極作為心理干預，對包括抑鬱、焦慮、一般壓力管理和提升自我效能的個案的心理健康都有正面的影響（Wang, et. al., 2014）。

沒有時間運動嗎？不，你有的

在治療中，很多個案覺得自己的日程已經很滿，實在很難騰出時間來做運動。Ulster University 的 Dr. Marie Murphy(2019) 研究「快餐式運動」，即是短而快的運動會帶給身體甚麼好處。她指出，每天多做幾次短而快的運動，可增加和刺激新陳代謝的次數，其好處可媲美一次長時間的運動。結論是，任何長度的運動都有功效，即使是每天分 6 次，每次 5 分鐘的時間，只要持之以恆，也能促進健康。

健康不只是個人的事

靠運動保持良好體型可增加自我效能感及自信，也有利於提升對自身健康的掌控感。再者，以持續運動去促進健康不單是個人受益，同時對家庭健康、社會健康，以至社會的醫療體制也有正面效果。世界衛生組織於 2017 年出版的 *Physical activity for health* 提出以下 4 點：

- **創建積極的社會**：透過提升民眾對在每個年齡階段，根據能力和年齡定期進行體能活動的各種益處的知識、理解和欣賞，在社會上創造一個範例。

- **創造積極的環境**：創造和維護在不同年齡的所有人，都可安全地在他們的都市和社區，公平和定期進入體育活動空間。
- **培養積極的人**：在多個環境中創造並促進所有年齡和能力的個人、家庭和社區一份子去定期進行體育活動以及社區。
- **創建積極系統**：實施國際、國家和地區各級的協調行動，促進領導、治管、多部門協作、勞動能力、文宣以及跨部門的資訊系統，以實現卓越的資源調動，提高運動，減少久坐。

● 健康投資不可少

香港政府為配合世衞的防控非傳染病全球行動計劃，亦在 2018 年發表《邁向 2025：香港非傳染病防控策略及行動計劃》，訂下 9 項本地目標，其一是在 2025 年或之前把青少年和成年人體能活動不足的普遍率降低 10%。儘管持續運動需要我們付出時間和力量，但這項「健康投資」的回報絕對高。非理性的認知偏差和錯誤的觀念，比如是：只要飲食健康，體型正常就不需常常運動；中老年人才需要注重運動和保健；幾年沒有運動其實身體狀態也沒有大改變等，皆會窒礙或影響運動的動力。因此，要從知識着手，在執行同時要積極了解不同運動的特點，為自己訂立合適的運動計劃。

心理學家的運動 ④ 步曲

① 明確運動心態和目的

不論從前有沒有運動的習慣,任何時候都可以開始為自己訂立更健康的目標。若從沒有運動習慣,適宜先從心態開始,思考以下幾道問題:

- 是甚麼原因讓你想改變?(發掘內在動機可推動個體執行目標)
- 你希望運動能帶給你甚麼改變?(確立和鎖定運動目的)
- 你的日程中,有甚麼時間可以和願意動起來?(目標需切合實際生活能力)
- 以現在的身體狀況、年齡和活動能力,適合做甚麼運動?(了解自身狀況,個人化設計)
- 有沒有舊有傷患和特殊身體狀況會影響運動計劃?(量力而為,目標不宜過分極端)
- 運動的興趣是甚麼?(從較喜歡或不討厭的選項開始)

例子:

- 婷婷,身高 164cm,女,35 歲,現在體重 73.1kg,體脂比例 36.7,BMI 27.2,屬於過重。從沒有運動習慣,發現上樓梯時越來越氣喘,和朋友行山感到很辛苦,也有內臟脂肪過多的問題。想改變因為害怕過重會影響健康,也不

希望因為體重而限制和朋友的活動，運動目標是讓身體健康一點。

- 希望透過運動減重至正常水平和增強心肺功能。日常工作有點不定時，但可以利用週日和一至兩個平日晚上大約 30 分鐘做居家運動。

- 除過重外，沒有長期病患或特殊狀況，剛開始適合做一些自行可做的帶氧運動，如初階 Tabata、行樓梯、少量跳繩、游泳。

- 沒有舊有傷患和特殊身體狀況，只是心肺功能效弱。

- 不喜歡運動，若是要選擇，比較喜歡初階 Tabata 和游泳。

② 了解自己的限制

運動會加速心跳和血液流動，若果沒有運動習慣的，必須要確認自己身體狀態是否合適和能否安全地執行。後頁的列表是 American Heart Association 的心臟病風險評估測試 (Cardiovascular Disease Risk Factor Estimate)，是一種心臟病發作可能性的測驗方法以供參考（阮伯仁、沈劍威，2008）。

* 請圈出自己的分數再加起來。

分數	1	2	3	4	6	8	得
年齡	10-20 歲	21-30 歲	31-40 歲	41-50 歲	51-60 歲	> 60 歲	
分數	1	2	3	4	6	8	得
遺傳	家族成員無心血管病記錄	曾有一位家族成員患有心血管病記錄而在 60 歲以上	曾有兩位家族成員患有心血管病記錄而在 60 歲以上	曾有一位家族成員患有心血管病，而在 60 歲前離世	曾有兩位家族成員患有心血管病，而在 60 歲前離世	曾有三位家族成員患有心血管病，而在 60 歲前離世	
分數	0	1	2	3	5	7	得
體重	低於標準體重 5 磅以上	在標準體重 5 磅以內	超重 6-20 磅	超重 21-35 磅	超重 36-50 磅	超重 51-65 磅	
分數	0	1	2	4	6	8	得
吸煙習慣	不吸煙	偶爾會吸食雪茄或煙斗	每天吸食不超過 11 支香煙	每天吸食 11-20 支香煙	每天吸食 21-30 支香煙	每天吸食超過 30 支香煙	
分數	1	2	3	5	6	8	得
運動習慣	經常運動（工作或休閒）	中等運動程度（工作或休閒）	常坐着工作（休閒時經常運動）	常坐着工作（休閒時中等運動）	常坐着工作（休閒時少有運動）	完全缺乏運動	
分數	1	2	3	5	6	10	得
飲食脂肪及糖含量	低脂肪及沒有攝取糖	脂肪及糖的攝取低於正常	脂肪及糖的攝取正常	糖的攝取正常，脂肪則高於正常	脂肪及糖的攝取高於正常	脂肪及糖的攝取遠超於正常	
分數	1	2	3	4	6	8	得
血壓	<111mmHg 以下	111-130 mmHg	131-140 mmHg	141-160 mmHg	161-180 mmHg	200mmHg 以上	
分數	1	2	3	5	6	7	得
性別	女性 40 歲以下	女性 40-50 歲	女性 50 歲以上	男性	略肥男性	肥胖男性	

總分：＿＿＿＿＿＿＿

分數代表：

6-7	危險性遠遠低於平均
12-17	危險性低於平均
18-24	平均程度危險
25-33	略為危險
34-40	很危險
41-65	極度危險，需要諮詢醫生。

以婷婷的情況為例，她的心臟病風險危險性是：

3＋2＋3＋0＋6＋5＋2＋1=22（平均程度屬危險，也即是可根據自己能力，循序漸進執行運動目標。）若超過 24 分，建議從日常增加活動，如步行、做家務開始；34 分以上可諮詢醫生和專業人士，制定合適的運動計劃。

❸ 把運動養成習慣，S.M.A.R.T Goal 幫到你

很多人都有滿滿的想法和目標，並滿腔熱情地開展，可是卻在執行時會卡在途中輕易放棄，欠缺持之以恆的行動力，所有想法只落成空想。只有明確的目標、信念與毅力，才可把想法一步一步走成現實。在釐清運動目的後，要整合所得的資料為自己訂立清晰的目標。以 S.M.A.R.T goal 為框架，可以更細緻的協助我們達成目標。

George Doran 在 1981 年首次在策劃管理的目標中提出 S.M.A.R.T goal 的概念，意思如下：S(Specific)= 明確性；M(Mesasureable)= 可衡量性；A(Achieveable)= 可實現性；R(Realistc)= 真實性；T(Time-bound)= 時限性。**運用 S.M.A.R.T Goal 的方式，重點不在最終目標，而是個人執行的細節，當細節運作扎實，目標就會逐漸達成。**以婷婷的個案為例，其 S.M.A.R.T Goal 可以是：由 2022 年 5 月 10 日開始，我要每星期的二、四、日，晚上 10：00 至 10：30 分，晚飯後一小時，在家中跟着網上影片做 30 分鐘初階的 Tabata；至 7 月 10 日，她這個階段的目標是每星期 3 天，每次 30 分鐘的運動，開始增強心肺功能。

- 由 2022 年 5 月 10 日開始（**有明確開始的時間**）；
- 我要每星期的二、四、日，晚上 10：00 至 10：30 分（**明確的執行時間，要衡量自己在現實上能否實現**）；
- 晚飯後一小時，在家中跟着網上影片做 30 分鐘初階的 Tabata（**明確細節如何執行，有可衡量的時間，需分析自己的能力能否應付**）；
- 至 7 月 10 日（**有時限性，以便作檢視**）；
- 婷婷這個階段的目標是每星期 3 天，每次 30 分鐘的運動，開始增強心肺功能（**總結目標**）。

在目標執行後，再檢視自己的體重、體脂比例和 BMI，

看有何改變。假若在數據上和自己感覺（心肺功能上）開始有正面改變，在 7 月完成第一階段後可以為自己訂立第二階段的目標。小階段小目標的達成可減少壓力，助我們獲得更佳的成就感，從而推動我們向前。

4 找志同道合的朋友，使運動快樂加倍

除了個人運動，也可多參與團體的運動，和三五知己在週末行山、參加瑜伽班、組織籃球隊等，這些團體運動不單提升運動的趣味，亦可增加人際交流，滿足我們社交的需要。

參考資料

- Babyak, M., Blumenthal, J, A., Herman, S., Khatri, P., Doraiswamy, M., Moore, K., Craighead, W. E., Baldewicz, T. T. & Krishnan, K. R. (2000). Exercise treatment for major depression: maintenance of therapeutic benefit at 10 months. *Psychosom Med*. 2000 Sep-Oct; 62(5):633-8.
  DOI: 10.1097/00006842-200009000-00006. PMID: 11020092.

- Belloc, N.B. and Breslow, L. (1972). Relationship of Physical Health Status and Health Practices. *Preventive Medicine*, 1, 409-421.
  DOI: 10.1016/0091-7435(72)90014-X

第一章 ∴ 身

- Centre for Health Protection. (2018) Towards 2025: Strategy and Action Plan to Prevent and Control Non-communicable Diseases in Hong Kong.

- Steves, C. J., Mehta, M. M., Jackson, S. H. D., Spector, T. D. (2016). Kicking back cognitive ageing: leg power predicts cognitive ageing after ten years in older female twins. *Gerontology 2016*;62:138-149. DOI: 10.1159/000441029

- Taylor-Piliae, R.E., Finley, B.A. (2020). Tai chi exercise for psychological well-being among adults with cardiovascular disease: A systematic review and meta-analysis. *Eur J Cardiovasc Nurs.* 2020 Oct;19(7):580-591.

  DOI: 10.1177/1474515120926068. Epub 2020 Jun 9. PMID: 32515204.

- Murphy, M.H., Lahart, I., Carlin, A., Murtagh, E. (2019). The Effects of Continuous Compared to Accumulated Exercise on Health: A Meta-Analytic Review. *Sports Med* **49**, 1585-1607.

  DOI：org/10.1007/s40279-019-01145-2

- Wang, F., Lee, E. K., Wu, T., Benson, H., Fricchione, G., Wang, W., Yeung, A. S. (2014). The effects of tai chi on depression, anxiety, and psychological well-being: a systematic review and meta-analysis. *Int J Behav Med.* 2014 Aug;21(4):605-17.

  DOI: 10.1007/s12529-013-9351-9. PMID: 24078491.

- World Health Organization. (2010). Global Status Report on Noncommunicable Diseases. WHO Library Cataloguing-in-Publication Data. Online:https://www.who.int/nmh/publications/ncd_report_full_en.pdf

- World Health Organization. (2012). Global recommendations on physical activity for health. WHO Library Cataloguing-in-Publication Data. Online: https://www.who.int/publications/i/item/9789241599979

- World Health Organization. (2017). Physical activity for health. More active people for a healthier world: draft global action plan on physical activity 2018-2030. Online: https://www.who.int/ncds/governance/Global-action-plan-on-PA-DRAFT-2-Dec-2017.pdf?ua=1。

- 中華人民共和國香港特別行政區立法會 (2021)，推廣體能活動。

  網　址：https://www.legco.gov.hk/research-publications/chinese/essentials-2021ise17-promoting-physical-activity.htm

- 方婷（2015），《做自己的失眠治療師：圖解失眠自療》，非凡出版。

- 方婷、關海寧、劉麗珊（2021），《正是有選擇：正向心理應用手冊》，青年協會出版。

- 阮伯仁、沈劍威（2008），《體適能基礎理論》，人民體育出版社。

- 香港01（2019），〈「懶」非不運動原因？調查:妨礙港人的主因是⋯〉，網址：https://www.hk01.com/。擷取日期：2019 年 8 月 26 日。

- 香港中文大學香港亞太研究所（2016），〈港人生活忙碌，三成人少做或不做運動〉，香港中文大學。網址：http://www.hkiaps.cuhk.edu.hk/wd/ni/20170612-113906_1.pdf。

第一章：身

不能擺脫的長期痛症與慢性疾病
——就要學懂去調適

中醫概念「上醫醫未病，中醫醫欲起之病，下醫醫已病之病」，治未病被視為醫道最高境界。能夠治未病，積極維護養生，避免病痛固然理想，可是一旦受長期痛症或慢性疾病的影響，除了盡量延緩問題惡化，更要學懂如何和問題「好好相處」。

記得十數年前，筆者祖母仍在生，在其年邁龍鍾之時，每次看到我都會説：「阿嫲無用，阿嫲而家老啦，又周身病痛，好辛苦！」祖母受高血壓、糖尿病和行動不便之苦，看到她，除了一陣心痛，對這種悲觀和無力感的表達總是束手無策，頂多只會説：「點會無用呢？我黐住你好開心㗎！」然後送上一個擁抱。爸爸一定「識做」，從錢包拿幾百元，對着祖母説：「你個孫比你買嘢食……」在後來的日子因工作而接觸到長期和慢性疾病的患者，開始慢慢理解在身體的苦以外，心的苦，才是我們要解開的枷鎖。

身體上的痛難以避免，心靈上的苦卻可轉化

痛是所有人的共同經歷，一般頭痛、牙痛、因外在傷口引起的痛楚，在處理生理問題後便能擺脱。但若不幸要與長期疼痛和慢性疾病博弈，卻可以是持久又折磨人的。疼痛是一種由於傷害性刺激引起的不愉快感受，通常附有神經感覺和情緒反應。

2018 年國際疼痛研究會 (International Association for the Study of Pain, IASP) 把對疼痛的定義修訂為：與組織損傷或潛在組織損傷相關或類似相關的一種不愉快的感覺和情感體驗。面對生理上受傷的病人，我們通常會從醫學或生物層面去理解其痛楚，而盡快治療及復元則是處理痛楚的主要目標。另

一方面，在心理學層面，疼痛不僅是人體神經迴路和中樞神經的生物反應，更受着如認知、情緒、信念、文化等多個因素的影響。舉例，因打仗受傷的戰士會較日常要接受外科手術的大眾更少要求鎮痛藥物，因為兩者對痛和受傷的意義不同：對士兵而言，受傷得到治療代表還是生存；而大眾要做手術和有傷口是災難和不幸，對痛的想法和意義不同，承受的程度亦迴異。

疼痛可分急性和慢性，急性疼痛是指持續時間不超過三個月，如普通頭痛、手術後復元期的疼痛。慢性疼痛則是持續時間超過 3 個月，可能是輕微的，也可以是劇烈的、連續不斷或間歇性的痛楚。慢性疼痛可發生在肌肉、關節、肌腱以及內臟器官等部位，因有着明顯的不適，疼痛亦常伴有心理障礙，如抑鬱症、焦慮症、物質濫用等問題，亦容易出現失眠、壓力等困擾，也有機會因而喪失工作或減弱社交能力。

✦ **慢性疼痛循環**

影響疼痛的心理因素

情緒	**焦慮和緊張**：對將來的狀況抱有負面預期會影響生理，如交感神經過度活躍、肌肉緊繃、對任何痛楚都很敏感，因而加重痛楚。 **抑鬱**：有研究指，影響抑鬱的神經傳遞物質也參與疼痛感覺的調節，故兩者有關聯。而當疼痛影響患者生活、社交及工作時，也容易呈現出無力感和悲觀的想法。
性格	不同的人格特質會影響疼痛的主觀體驗，積極而外向的人會尋求和執行減少痛感的方法，聚焦於有能力進行的活動，減少對疼痛的關注。消極而內向的人會傾向獨自承受疼痛，聚焦於自己無能為力或失能的部分，較注意痛感。
認知	認知是人和外在環境發生聯繫而產生的思維活動，包含了人對外部環境刺激而產生的想法、假設和對自己回應的預算。引起疼痛的原因、意義和對減消疼痛的期望，會影響主觀的痛感。
應對能力	研究指出，患者所掌握的應對方法會影響他們對痛的感覺、耐受程度，以及維持日常活動的水平。積極面對疼痛的患者會學習減痛的技能，較願意承擔自我管理的責任，更努力適應轉變。消極應對的患者會從活動中退縮、抗拒當下的身體狀況、時常抱怨，更依靠他人為自己解除疼痛。

🍃 慢性病是個人、家庭和社會的問題

社會老齡化，人類壽命增長的同時，不代表一定更健康，其中一個最常見的身體機能老化問題，便是受慢性疾病的困擾。2022 年新冠肺炎的第五波疫情來勢洶洶，香港每天新聞報道都會提及新冠肺炎 Omicron 對長期和慢性病患者的威脅，眼看院舍爆發而眾多長期和慢性病患者得不到應有照料，除了憂心，亦引起社會大眾對慢性病患者的醫療支援的關注。

長期病患是指維持長時間並隨時日會漸漸惡化的疾病，當中包括常見的高血壓、心臟病、中風、癌症、慢性呼吸道疾病、糖尿病等，當中許多更有年輕化的趨勢。根據香港政府統計處（2021）的資料，於 2020 年約有 534,200 名居住於院舍及住戶內的殘疾人士，佔全港人口的 7.1%，而長期病患者則有約 179 萬，佔全港人口 24.1%，即是差不多 1/4 的人口，需要長期（即持續最少 6 個月的時間）接受藥物治療、覆診或打針服藥以治療某種或某些疾病。

影響行為及心理的因素

飲食習慣	眾多研究證明不良飲食習慣會誘發高血壓、冠心病、糖尿病,甚至是癌症。膳食以及相關因素可以解釋 35% 的癌症 (Doll & Peto, 1981),飲食是人類可以選擇的,健康的飲食習慣是促進健康最直接的方法,可大大減少患上長期及慢性疾病的風險。
物質濫用	**吸煙:**和心血管疾病、心肌梗塞、心臟性猝死有直接關聯,戒煙 5 年將明顯減少冠心病發生的危險;戒煙 15 年者,發生冠心病的危機幾乎與從未吸煙者相若。另外,吸煙是導致患肺癌、喉癌、慢性支氣管炎的主要原因。 **飲酒:**肝硬化與每天飲酒 40-120 克之間有密切關係,每天飲酒而酒精含量 70 克或以上者,患上食道癌、直腸癌、腦血管死亡風險顯著提高(李凌、蔣柯,2008)。
運動習慣	運動對心血管的積極作用是能有效減少冠狀動脈疾病和心肌缺血的風險,更有助提高心臟功能,改善呼吸系統、調整血液中膽固醇水平,以運動保持適當的體重可減少糖尿病、高血壓、呼吸系統等疾病的威脅。

性格	A 型：1959 年，心臟疾病專家在臨床研究中發現冠心病患者具有非常典型的行為模式，Friedman 和 Rosenman(1959) 總結此類性格為「A 型性格」，特徵包括：強烈持久的目標、處處追求完美的傾向、強烈持久追求讚譽與進步的欲望、連續參與多項事務，挑戰壓力極限、習慣於突擊完成工作、經常刻意使自己的心理與身體處於警覺狀態。簡單來説，A 型性格的人很「chur」，多個研究（如 Haynes, 1980; Belgian-French Pooling Project, 1984） 支持 A 型性格是引起冠心病的一個危險因素。 B 型：B 型性格與 A 型完全相反，是「hea 底」，不具備強烈的內在動力、進取心、時間緊迫感，也欠缺對競爭的渴望（郭成、趙小雲，2015）。相比之下，較 A 型性格較少發生心絞痛和心肌梗塞（何耀、李蘭蓀，1991）。 C 型：學者 Baltrusch 等人（1988）的研究發現，癌症患者的易感性特徵，是屬於 C 型性格的特徵。C 型人的特徵包括：傾向悲觀消極、易產生失望、無助感；謙虛、息事寧人、過分忍讓；生活欠主意和目標；常因無力應對生活壓力而感到絕望和孤立無援。C 型人有易發癌症的傾向，比非 C 型人高 3 倍以上 (Baltrush, 1988)。C 型人「鬱鬱埋埋」，不表達自己的憤怒、害怕、傷心和焦慮情緒，這與乳癌病發有相當關聯 （Morris & Greer, 1980）。亦有研究指，胃癌病人傾向不表達憤怒，把生氣藏在心裏（徐震雷等，1995）。

認知	對自己的身體狀況的認知和預期能影響面對疾病的態度，積極的患者會在發現問題初期改變自己的不良行為；消極的患者會聽天由命，較少積極和有決心地改變自己的行為。

🍃 一般疼痛及慢性病患者的心理感受

● 無用與絕望感

以往在良好的身體狀況下行動自如，對自己的生活和選擇有高度的自控感，一旦受長期病或痛症影響，生活必然需要作出調節，有的要按時服藥，有的日常活動受到限制，有的更需要別人協助處理生活，力不從心的感受或會油然而生，以往健康的體魄已不復再，不能隨心所欲的行動，因而感到自己無用甚至絕望。

● 孤獨感

隨着身體機能的衰退，或會感到在家或在職場上的地位與競爭力減弱，某些以往和好友一同參與的活動、興趣或社交受影響，某些長期痛症患者會因痛感而逃避工作、活動和社交，產生孤獨和不如別人的感覺。

● 無助和無力感

縱然身邊的親人和朋友體諒到疼痛及長期病患者的處境，但不

適與疼痛卻要自己默默承受，且沒有盡頭。即使藥物、復康運動或某些食療有效減輕痛楚，但情況或許時好時壞，令人感到無助及無力。

● **擔心影響照顧者**

某些長期及慢性病患者或需要家人照顧，故此對家人額外的時間和其他付出感到內疚，也擔心別人因為照顧自己而犧牲太多。

● **生氣和抱怨**

因病情難以在短期內治癒，或經過一番努力後仍沒有改善，患者或會悶悶不樂、惶惶不安。當病情無好轉或當治療上稍有不如意時，就會顯得煩躁、焦慮及懷疑，這種不安或會令病人提出過高的治療與護理要求，轉而責怪醫生或護士未細心治療或照顧，甚至認為醫護人員對自己不公。同樣，這種心態亦會令病人責怪家人未盡心照料、變得挑剔、任性和害怕被遺棄等，因此導致關係緊張。

🍃 調養身體是整體的

慢性病患和長期痛症的照料並不只針對身體狀況，「全人」的照顧是維持良好生活質量的核心。中醫角度提出，人體某一局部的病理變化，往往與全身的五臟六腑、氣血運行、陰陽盛衰相關。由於人體的臟腑、組織和器官的互聯性，養生亦要照

料到整體的平衡。在健康心理學的角度也相若，**健康心理學非常重視人體本身的完整性與四周環境的相互關係**。生物因素方面，藥物處理疾病和促進身體健康的行為，包括平衡的營養吸收、適當運動、戒煙戒酒皆是痛症和長期病患者需要自行積極執行的。心理因素方面，可以針對管理因不適感而引起的壓力、接納負面情緒、建立正面的認知、增加生活意義感。社會因素方面，根據自己現在的能力參與工作、保持良好的社交都能協助長期病患和痛症患者保持身心社靈的健康。

 ## 心理學家與長期疼痛及慢性病共處 **5** 步曲

① 飲食均衡

積極了解自己的病歷和身體狀況，為自己訂立合適的飲食計劃，均衡營養攝取，多吃原型食品，少油少鹽少糖或減少攝取過分加工食物是保持健康體格的不二法門。對於長期痛症和慢性病患者，除了醫療及藥物處理外，個別的身體狀況更需要輔以食療以促進健康，如癌症病人要多注意攝取足夠的蛋白質，以製造抗體，可以多進食雞蛋、簡單烹調的肉類、牛奶和豆腐；糖尿病人要保持血糖穩定，多吃升糖 (Glycemic index, GI) 指數低的食物，如藜麥、蕎麥麵、粟米、番茄、奇異果、毛豆等。詳細資料建議根據自身情況諮詢專業營養師。

❷ 運動強體

因不適感或過分焦慮身體狀況而逃避活動令痛症和慢性病患者的肌肉更容易繃緊、活動能力進一步減弱，形成惡性循環。適當的拉伸和活動，可保持肌肉和關節健康，氣血運行好，令人感到精神抖擻，心情開朗，更能增加自我效能感和減少負面情緒的影響。慢性疾病和長期痛症患者應量力而為，克服暫時因活動可能引起的不適感，由日常活動，如步行、做簡單家務開始，一步一步為自己訂立運動的目標。

❸ 保持正面　調適自己

不少慢性疾病和長期痛症的患者聚焦於向外尋求靈丹妙藥，不斷尋醫卻沒有正視、覺察和調整自己內心。雖然樂觀心態與慢性疾病和痛症的痊癒沒有必然的關聯，但以樂觀的態度去面對生活和建立心理韌力必定能確保在面對壓力時有更好的心理資源去應對，減少心理上的痛苦。接受目前的限制、克服負面情緒、積極了解身體的狀況、以正面的思維尋找生活意義，這些都是良好的「心藥」。不同性格的患者可因應情況去調適自己，例如 A型性格的人可學習減少同一時間做多項工作，尋找能放鬆自己的興趣：C 型性格的人可學習傾訴負面情緒，改變不合理的認知。

④ 保持一定的社交，參與自助組織或小組

社會支持是長期痛症及慢性疾病患者的緩衝力量，受到社會各方面的心理和物質上的支持或援助，可助他們建立正面思維和更好地應付壓力。除了親友，長期痛症及慢性疾病患者可透過參加自助組織或小組得到支援，如給心臟病患者及其家屬的「關心您的心」、給糖尿病患者及其家屬的「糖盼樂互協會」，給柏金遜症患者及其家屬的「香港柏金遜症會」等機構。此外，家屬或親屬亦可參與資源中心的個別、小組、大型活動、社區教育活動等，以保持積極的心態和正確的知識去照顧患者。

詳細資料：殘疾人士 / 病人自助組織資助計劃 (2020-2022)

https://www.swd.gov.hk/storage/asset/section/742/tc/List_of_SHOs_under_FSS_(2020-2022)_Chi.pdf

⑤ 靜觀呼吸和感恩練習

近年，靜觀 (Mindfulness) 對處理痛症和壓力的效用得到許多精神科醫生、心理學家和社工的支持。70 年代，美國分子生物科學家 Jon Kabat-Zinn 到東方學習靜坐冥想後，把其所學和感悟到的方法帶回美國，並於 1979 年

創辦「美國麻省大學醫學院靜觀中心」，設計靜觀減壓課程 (Mindfulness-Based Stress Reduction，MBSR)，協助長期病患紓緩徵狀並與之共處。他發現長期慢性痛症患者練習靜觀後，雖然痛症並沒有消失，但他們更能夠與疼痛共處，減少因痛而引起的苦惱與壓力。

靜觀練習的基本重點：不加批判、專注當下、覺察和接納自己的狀況。開始練習靜觀的時候或許對於靜下來會不太習慣，也並非練習一、兩天就可立即看到成效，然而，當運用正確的方法堅持下來，你會發現身心的轉變。

建議長期疼痛和慢性疾病患者的靜觀練習：

靜觀呼吸

1. 先找一個安靜和舒適的位置減輕衣飾的束縛，坐在椅子上，雙腳可以盤腿或垂下平放；
2. 將注意力集中在呼吸上，對自己的一呼一吸保持清醒的覺察；
3. 吸氣時感受鼻孔吸入空氣的感覺，呼氣時感受鼻孔呼出空氣的感覺；

4. 隨着呼吸慢慢地穩定下來，當覺察整個身體的感覺，或一些有強烈感覺的身體部位時，宜接納，同時提醒自己專注在呼吸；

5. 開始時可以每天練習 5 至 10 分鐘，持之以恆。

感恩

作家狄更斯(Charles John Huffam Dickens)的名言：「多想想你目前擁有的幸福，每個人都擁有很多幸福，不要回憶過去的不幸，所有人多少都有一些不幸。」感恩是一種態度、習慣、感覺，而擁有這感恩的感覺能使人長期處於富正面感覺的狀態。美國專門研究慢性疼痛治療的 Dr. Friedman (2009) 曾邀請慢性疼痛患者進行一項為期 4 週的實驗，請他們為生命中深切欣賞的事情感恩，結果發現他們疼痛感略為減輕。因此，長期痛症和慢性病患者應聚焦於所擁有和能力有所及的事情，建立興趣和找尋生活的意義，每天寫下 3 件值得感恩的事，讓我們覺察更多生命的美好。

療癒之書——身心社靈健康手冊

參考資料

- Assessment of type A behaviour by the Bortner scale and ischaemic heart disease. (1984). The Belgian-French Pooling Project. *Eur Heart* J. 1984 Jun;5(6):440-6. DOI: 10.1093/oxfordjournals.eurheartj.a061689. PMID: 6745285.

- Baltrusch, H. J., Stangel, W., & Waltz, M. E. (1988). Cancer from the biobehavioral perspective: The Type C pattern. *Activitas Nervosa Superior, 3*0(1): 18-21.

- Doll, R. and Peto, R. (1981) The Causes of Cancer: Quantitative Estimates of Avoidable Risks of Cancer in the United States Today. *Journal of the National Cancer Institute*, 66, 1191-1308.

- Friedman, M., & Rosenman, R. H. (1959). Association of specific overt behavior pattern with blood and cardiovascular findings: Blood cholesterol level, blood clotting time, incidence of arcus senilis, and clinical coronary artery disease. *Journal of the American Medical Association,* 169(12), 1286-1296.

- Greer, S., Morris, T., & Pettingale, K. W. (1979). Psychological response to breast cancer: Effect on outcome. *The Lancet,* 314(8146), 785-787.

- Haynes, S., Feinleib, M., & Kannel, W. B. (1980). The relationship of psychosocial factors to coronary heart disease in the Framingham Study. III. Eight-year incidence of coronary heart disease. *American Journal of Epidemiology,* 111(1), 37-58.

- International Association for the Study of Pain. (2021). Terminology: Pain. International Association for the Study of Pain.

  Retrieved: https://www.iasp-pain.org/resources/terminology/#pain

- Morris, T., & Greer, S. (1980). A Type C for cancer? Low trait anxiety in the pathogenesis of breast cancer. *Cancer Detection and Prevention,* 3(1), 102-113.

- Rosenman, R. H., Brand, R. J., Jenkins, C. D., Friedman, M., Straus, R., & Wurm, M. (1975). Coronary heart disease in the Western Collaborative Group Study: Final follow-up experience of 80. 5 years. *Journal* of American Medical Association, 233(8), 872-877.

- Toussaint, L., Friedman, P. (2009). Forgiveness, gratitude, and well-being: The mediating role of affect and beliefs. *J Happiness Stud* 10, 635. DOI: 10.1007/s10902-008-9111-8

- 何耀，李蘭蓀（1991），〈A型性格與冠狀動脈病變的關係研究〉，《中華心血管病雜誌》，19（4），214-216。

- 李凌、蔣柯（2008），《健康心理學》，中國：華東師範大學出版社。

- 郭成、趙小雲（2015），《健康心理學》，浙江教育出版社。

- 徐震雷，李心天，韓冰，劉軍，唐樹森（1995），〈人格特徵對胃癌發病的影響〉，《心理學報》，27（3），263-267。

- 政府統計處（2021），〈第63號專題報告書-殘疾人士及長期病患者〉，香港特別行政區政府。網址：https://www.censtatd.gov.hk/tc/EIndexbySubject.html?pcode=C0000055&scode=380

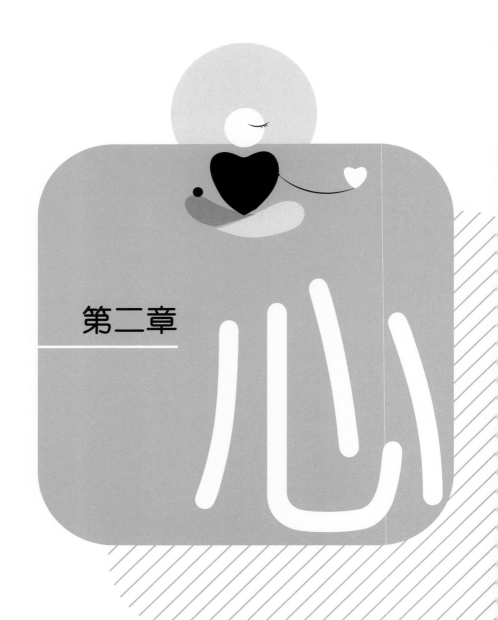

第二章

心

愛自己無須原因——
認識和接納真正的自己

聽過一則笑話:有一個大學生在暑假後回宿舍,門口保安問他:「你是誰?你從哪裏來?要往哪裏去?」大學生十分驚訝,保安竟問出了人生三道最難回答的哲學問題,他頓時不懂回答。單單「我是誰」已可從哲學、宗教、科學、心理學等不同範疇去討論。在心理學的角度而言,對自己的認知會從根本影響我們如何感知外間事物、處理壓力和情緒、思維模式和行為回應。因此,保持良好的心理健康,從認識自己開始。

人對自己好奇，很大程度是因為我們想掌握和控制自己的人生，有些人會找算命師傅看八字，有些人會研究星座，有些人會在網上做各式各樣的性格測試，又或者，以上種種都試過。傳統西方心理學致力於從個人主義的觀點 (Deci & Ryan, 2008; Greenberg, Soloman, & Pyszczynski, 1986; Triandis, 2001) 來理解自我 (Self) 的心理運作，不少理論都是以自我為基礎來建立。作為一個個體，人透過五官：用眼睛去看、耳朵去聽、鼻子去嗅、舌頭去嚐、皮膚去接收和感知外間的資訊，再傳到大腦，根據我們過往對外間事物的各種認知，個人的信念、價值觀、情緒等等，對外間的訊息作出回應，而自我的概念也是根據這些資訊整合而成。

我是誰？由甚麼定義？

心理學的學生，都會經歷過一份叫「反思文章」的功課，很多同學一開始會利用不同的理論去解釋題目上的概念，但當老師提醒反思應是朝着自己的成長和經歷來反思時，他們都會發覺原來剖開自己，分析自己，並非那麼容易做到。美國貝爾電話電報公司實驗室著名科學家、「衞星通訊之父」John Robinson Pierce 曾提出：人貴有自知之明，無知是有知的開始。「知己」和審視自己乃人生最大的課題，活得愈久，不代表愈了解自己。認識自我需要透過對自己所經歷的事情、自己的情緒和反應加以思考分析，再慢慢更透徹地知道當中的因

果，才得以逐步的對自己加深認知。自我概念的組成包括：其他人如何對待我們、人際比較、自我評價和社會文化的價值觀互動，四個範疇組合而成。

✦ 自我概念是如何組成的？

自我概念隨着社會化而鞏固

孩童時期乃自我概念建立的初始階段，大多倚賴外間的評價或其他人，尤其是主要的照顧者，對待我們的方式去認識自己。父母、老師和長輩的評語舉足輕重，時刻影響我們對自己的認知。慢慢長大，開始和同儕相處，「我生得高過你吖」、「我

比賽攞冠軍，最勁㗎」，這些點滴偶爾會在我們回憶中掠過，正正印證着這一個喜歡和朋友比較的階段；而這過程亦讓我們更了解自己的喜好、性格特質以及能力，逐步建構出更加立體的自我認知。

隨着成長，我們學習社會化 (Socialization)，認識到在自己身處的社會以及文化對每個社會角色 (Social role) 的期望，如果我們的特質、興趣和能力與主流社會和文化的價值觀一致，自我概念就會得到正面強化。最後，就是我們的自我評價，包括對自己的信心、看法、自尊感都裏裏外外的影響自我概念。

怎樣了解自己？

怎樣定義「我」影響人的感覺、想法與行為，研究自我當中有一個概念叫「自省」(Introspection)，這詞早期曾用作正式的實驗技術，現在更多被理解為一種「向內看」的過程。人的行為通常的順序是對事情作出一定的預設，接着採取行動，繼而再產生相應結果。自省和反思的順序就是：我們觀察結果、咀嚼和分析原先的想法或假設，從而分析出可否運用更好的方法去調整自己對於事情原因而作出的行動。

● 自省 (Introspection) 需要正面運用

自省可以令我們更加了解自己的慣性思維，仔細分析預設、行動和結果的關係，明白為甚麼會有同樣的行為模式，或者為何會重複某些錯誤，從而逐漸改變行為動機而且精進自己。

有別於曾子「吾日三省吾身」式嚴於律己，自省的着眼點並非苛刻地去怪責或怨恨自己的不足，更加不是利用自省去自我打擊。假若以苛刻的態度去抨擊自己，我們便很容易陷入一種「反芻思維」(Rumination)，跌落反覆思考負面事情的深淵，「點解我咁廢做少少嘢都錯？」、「我係唔係做得唔夠好，所以另一半冇咁愛我？」、「我咩都做唔好！」等負面偏見讓我們較容易聚焦於一些負面的事情，或未完善的行為中，陷入這一種反思或負面的自我對話易於引起焦慮和抑鬱的情緒。正確運用反思是了解自己在處事和面對人際關係的時候，是基於甚麼原因引發當下的感受、想法和行為，不論是美好抑或未完善的事，都值得作出反思，認清自己的經歷如何影響我們成長和對外在世界的看法，令我們有意識地去選擇想要的行為。

反思作為認識自我的動機以外，亦需要憑藉一定的覺察和洞悉力。美國心理學家 Tasha Eurich (2017) 把自我覺察定義為一種清晰地認識自我意願和能力，這種能力讓我們可以了解自己是怎樣的人，以及在別人眼中的自己是怎樣的。Tasha Eurich

以「洞察七柱」(Seven Pillars of Insight) 來解釋對自己的洞悉和覺察力。

✦ 洞察七柱 (Seven Pillars of Insight)

有 / 無	覺察力	解釋
	對自我價值觀的覺察	清晰內在的核心價值，並以其定義自己的目標和作為對自己行為的評估標準。
	對自我熱情的覺察	了解自己真正熱愛的事情，在不斷尋覓和探索的過程，越來越接近真正熱愛的事情。
	對自我抱負的覺察	每天醒來都清楚知道自己想從生活得到甚麼，感到被自己的抱負激勵。
	對自己與環境匹配度的覺察	了解最適合自己、最有動力、最快樂和理想的環境是怎樣的，在合適的環境生活，讓我們事半功倍。
	對自己行為模式的覺察	洞察自己在不同的時間和空間都有着持續和一致的思考和行為模式。
	對自我反應的覺察	覺察自己在各種情境下的思考、情感和行為的不同反應，例如在感到壓力時、煩惱時會透過繪畫來減壓，這是我對壓力的反應。
	對自我影響力的覺察	人的情緒和行為會有意無意的影響別人，明白自己的言行是如何影響別人。

● 自我覺察 (Self-awareness) 能提升生活滿意度

反思給自己帶來進步和精進，自我覺察力高的人能對自己的思想、行為有更深刻的了解，從而為自己的人生作出負責任而合適的選擇，生活滿意度亦更高。洞察七柱協助我們反思自己的洞察力，不過也要當心出現「自我感覺良好」的錯覺。認知與現實或許存在着誤差，Tasha Eurich 及其團隊的研究發現，雖然 95% 的受訪者認為自己擁有自我覺察的能力，但實際上只有不到 15% 能展示有這種能力，簡單來說，「認為自己有自我覺察的能力」，並不代表真正擁有。可幸的是，**自我覺察是一項可習得的技能**，也就是說，**當我們有勇氣去認識和反思，就可以從日常生活的細節中了解自己，增加洞悉力。**

● 自尊 (Self-esteem)= 你有多喜歡自己

自尊感乃個人對自己之評價，同時亦是一個心理健康指標。擁有高自尊感的人有幾個特質：1. 自我評價較為正面；2. 較能夠肯定自我價值與能力；3. 傾向接納自己不足之處，在新挑戰前亦顯得較有自信心，面對困難會奮力應付挑戰（香港衛生署，2021）。「社會規範型完美主義者」(Socially-prescribed Perfectionism) 認為社會周遭的人對自己的要求很高，所以要完美才值得獲得他們的喜愛與讚賞，自己才有價值。這種心態讓人陷入自我批判，拒絕接受不完美的自己（方婷，2019）。

🍃 青少年的自尊發展

青少年的自尊發展和幸福感 (Well-being) 亦是很多學者和師長關注的議題。Whitney (2021) 的一項研究嘗試了解青少年的情緒及精神健康受哪些軌跡 (Trajectories) 及驅動因素 (Drivers) 影響，研究訪問了近 5 位千禧世代後出生的青少年，以了解不同的社會因素對他們現時的幸福感、自尊感、心理健康、自我價值或希望感等方面的影響並作出比較，研究發現影響青少年自尊感的因素包括：

- **家庭收入**：低收入家庭人士更有可能具有較低的幸福感和自尊。
- **體育運動或體魄鍛煉**：經常鍛煉對年輕人的幸福感和自尊心，以及降低患抑鬱症狀具有積極作用。
- **過量使用社交媒體**：對不論男女的幸福感和自尊都可能產生負面影響。
- **肥胖**：兒童時期肥胖及超重，不論男女的受訪青年，都有較差的心理健康結果。
- **父母及同伴的關係與質素**：不論男女，曾經受過欺凌會對青年的心理健康產生很大程度及持久的影響。經常與父母吵架的 14 歲及 17 歲的青年，幸福感亦會相對降低。
- **學業成績較低**：學業成績若被界定為處於較下游的水平，對 14 歲的男孩影響較多，其自尊感的分數亦相對較低。

- **母親的健康狀況**：母親於懷孕時期健康狀況不佳會導致不論男或女的青少年幸福感和自尊心降低，以及增加抑鬱症狀。

● 自尊需要提升

低自尊若不加以提升，將有機會一直由青少年時期影響到成長後的生活。許多問題，如自我憎恨、完美主義、對批評過分敏感、過分自責與內疚、自我欺騙、欠缺動力和信心等亦因而衍生。人本主義心理學家 Carl Rogers 指出，很多心理問題的根源，就是人不接納自己，認為自己不值得無條件被愛。因此心理治療師的無條件關懷 (Unconditional positive regard)、同理心 (Empathy)、表裏如一 (Congruence)、不批判的態度 (Non-judgmental) 可以協助個案接納真我，從而培養出健康而成熟的自我，慢慢達至自我實現。對於個人，我們亦需要對自己展現無條件關懷、同理心、表裏如一、不批判，才可增加自尊感。

🍃 對自己苛刻的人苦着行，對自己慈悲的人笑着走

看到一個你所關懷的人不開心時，你會怎樣對待和安慰？當你感到自己不開心時，又是如何對待自己？很多人對待其他人時充滿慈悲和同理心，但對待自己時卻苛刻非常：「小小事我唔應該咁介懷」、「唔可以比情緒影響工作」、「我唔開心係唔應該嘅」。

在與不同的個案交流中發現，人每每在對待其他人與對待自己之間，有着雙重標準，懂得時時關懷別人，卻忽略回應自己內心的需要。臨床心理學家兼靜觀大師 Jack Kornfield 指出，我們對自己的自我關懷是一種徹底接受 (Radical acceptance) 的練習，而這樣的練習並非要令自己完美，而是完整對自己的愛 ("The point of practice isn't to perfect yourself but to perfect your love")。接納不完美的自己，縱使這一刻的我是如何，也值得被自我關懷。

● 自我慈悲有助建立幸福感

自我慈悲 (Self-compassion) 這個詞讓人聯想到自憐自憫或過分對自己慈悲就會變得自我中心，又或懼怕，認為若果對待自己太慈悲，會因而欠缺鞭策自己進步的動力，亦會縱容自己得過且過。曾經有朋友分享：「我好怕自己鬆懈落嚟，因為如果我唔鞭策自己，唔努力嘅話，其他人就會追過我。比我優秀、比我聰明、比我條件好嘅人都繼續努力緊，我有咩資格比自己休息，同埋唔鞭策自己呢？」這一個心態看似充滿鞭策力，實質是以「逃避失敗心態」的消極態度去鞭策自己。

Neff 和 Vonk 在 2009 年的研究指出，練習自我慈悲跟自負與自大自戀無關，自我慈悲可以減少我們因與其他人比較而產生的壓力、減少懷疑自我價值。不僅如此，Zessin, Dickhauser 和 Garbadee 在 2015 年的研究顯示，練習自我慈悲可以協助

我們建立幸福感，減少包括焦慮、抑鬱、壓力、思想壓迫、內疚等負面情緒，同時增加正面感受，包括對人生的滿意度、快樂、連結感、樂觀、自信、感恩，在逆境時有更好的抗逆力。

擁有不同的情緒感受和被關懷的需要是人性的特質。當我們懂得自我慈悲，多關懷自己內心需要時，會更加關注自己情緒、有更好的心理韌力、身體亦因而建立更好的抵抗力，幫助我們在痛苦時與我們核心的價值觀重新建立聯繫，亦可學習如何讓自己成為真實的自己，勇於面對外間給我們的心理挑戰。

 ## 心理學家建立良好自我概念 ⑤ 步曲

① 我接納！好的壞的都是我

了解自己是一個持續的過程，需要放慢而有耐心地觀察和聆聽自己，而比起這些更重要的，就是接納真實的自己。平凡的、軟弱的、不知所措的、自私的、會妒忌的、恐懼的、斤斤計較的，都是人性的部分，當覺察到自己有這些思想、感受和行為，先不要抗拒、反駁、討厭，嘗試問問自己以下問題：

- 當下我的感受與想法是甚麼？

- 我感覺到這樣，是由甚麼引起？
- 這個因素是唯一的解釋嗎？有沒有其他主觀的想法影響到我？
- 我做這件事有甚麼動機？真正想達到甚麼？
- 我的言行反應有真正表達到自己嗎？如果沒有，那是為甚麼呢？
- 有甚麼因素會影響或阻礙我的行為？
- 內心有些不願面對的恐懼嗎？

在發問的同時多為自己建立對事情宏觀的視野，深思主觀的感受和想法，同時可再思考外在因素對我們的影響，從而更清晰自我在不同場景中的差異。只有勇於認清真正的自己，才能選擇改變和步向實在的身心和諧。

② 反思日記

可以培養寫「反思日記」的習慣，以不批判性的態度去反思，記錄每一日所發生的事情，自己的感受和思維方式，自己的行為回應等，以及重新思考事情的感受。當寫反思日記時，可以進行以下 3 個步驟：

1. 客觀地回想當天所經歷的事情（例如是人際衝突、引起負面情緒等），帶着不批判的心，列出事情發生的起源、過程和結果。

2. 回想我們面對所發生該事情時當下的預設、感受和想法。

3. 思考當時這個想法是怎樣導致我們有一些相應的行為反應，如果可以再選擇的話，會否有其他不同的角度去對待事件，假如改變了我們的預設，會否有不一樣的結果？

一個反思的日記可以令我們更有系統和理性地分析自己的行為模式，從而增加自我認識。

❸ 建立正面的自我對話 (Self-talk)

持續負面的自我對話不但損害我們的自尊，還會增加面對挑戰時的壓力。學習在生活小事中，欣賞自己的正面行為與態度，同時減少自我批判和貶低的自我對話。一般而言，可以試着留心自己做的事，不論結果如何，只要有用心和嘗試努力，也要認真仔細地讚賞自己。建議以「自我對話」表作參考（後頁）：

消極的自我對話	正面的自我對話
點解我咁廢做少少嘢都錯？	出錯後我願意承擔，這個經驗讓我學到一些東西，快想想如何有效解決！
如果我唔係信網上啲人講，就唔會浪費啲錢去買啲垃圾嘢返屋企。	信任別人本質是好的，但下次要更小心分析不同情況。今次買到不需要的東西，可否轉為一件好事，送給有需要的人？
我係唔係做得唔夠好，所以我嘅另一半無咁愛我？	我明白經營一段關係需要協調和努力，會好好和對方溝通大家的感受和想法
我咩都做唔好！	只要肯嘗試，我已經進步了！

④ 自我慈悲練習

真切地關懷自己，就如關懷我們重視的人一樣；然後，承認我們和其他人一樣有共同的人性需要，會受傷、會氣餒、會不知所措；接着，專注每一個當下自己的需要，現實上我們會遇到各式各樣的衝擊，嘗試持開放的心去體驗和覺察自己的感受，不論是正面或負面，都不影響我們核心關懷自己的態度。

日常練習可以包括以下 5 方面：

1. **生理**：關懷自己的身體，如何選擇飲食、如何運動、如何休息。

2. **心理**：接納自己不同的想法。

3. **情緒**：知道自己會經歷不同的情緒，而這一切感受都是正常的人性。

4. **關係**：真誠而不失禮貌地去對待身邊的人。

5. **精神和靈性**：時刻提醒自己內在的核心價值，在生活上訂立有意義的目標，去實踐自己認為重要的事。

⑤ 享受真正喜愛的事

透過培養和參與一些不用和別人比較的活動，可以是個人和協作性的，包括運動、藝術創作、建立一門與工作無關的手藝，如學習製作蛋糕、調咖啡、茶藝、書法、種植等，藉着在專注創作中學習欣賞自己獨一無二的「成品」，從而提高自我接納。

參考資料

- Deci, E. L., & Ryan, R. M. (2008). Self-Determination Theory: A macrotheory of human motivation, development, and health. *Canadian Psychology-Psychologie Canadienne*, 49(3), 182-185. DOI:10.1037/a0012801

- Eurich, T. (2017). Insight: Why we are not as self-aware as we think, and how seeing ourselves clearly helps us succeed at work and in life. Crown Business.

- Greenberg, J., Soloman, S., & Pyszczynski, T. (1986). The cause and consequences of a need for self-esteem. A terror management theory. In R. F. Baunmeister (Ed.), *Public self and private self* (pp. 189-192). New York, NY:Springer-Verlag.

- Kornfield, J. (2022). Heart wisdom- ep. 11-freedom of the heart. Retrieved: https://jackkornfield.com/freedom-heart-heart-wisdom-episode-11/

- Neff, K. D., & Vonk, R. (2009). Self-Compassion versus Global Self-Esteem: Two Different Ways of Relating to Oneself. *Journal of Personality*, 77, 23-50.

- Triandis, H. C. (2001). Individualism-Collectivism and Personality. *Journal of Personality*, 69(6), 907-924. DOI:10.1111/1467-6494.696169

- Whitney C.J. (2021). Young people's mental and emotional health, Trajectories and drivers in childhood and adolescence.https://epi.org.uk/publications-and- research/young-peoples mental and emotional health/

- Zessin, U., Dickhäuser, O., & Garbade, S. (2015). The Relationship Between Self-Compassion and Well-Being: A Meta-analysis. *Applied Psychology. Health and Well-Being*,7(3), 340-364.

  DOI:10.1111/aphw.12051

- 方婷 (2019)，《呃 like 心理學：擺脫認同成癮的勒索》，非凡出版。

- 香港衞生署 (2021a)，〈譜唱自尊自信 心理社交健康〉，網址：https://www.studenthealth.gov.hk/tc_chi/health/health_ph/health_ph_sesc.html

第二章：心

情緒或高或低？——
其實一點都不詭秘

食不知味、睡不入寐、負面思想失控般佔據腦袋而無力擺脱，甚麼事都變得無意義，眼前的世界像抹了一層灰，經歷過情緒低潮的人，都會對此感受厭倦懼怕。情緒健康是指有能力認知和管理情緒反應，如恐懼、沮喪及焦慮等，並能適當表達自己的情緒。每個變化時刻影響着我們的身心和生活滿意度，可幸的是，有如身體健康，情緒健康也可憑藉學習和正確的生活練習而提升的。

根據香港特區政府食物及衛生局於 2018 年的精神健康檢討報告推算，估計香港約有 110 至 180 萬人患有精神障礙，當中約有 7 萬至 22 萬人患有嚴重精神病，佔整體最多的包括情緒失調、神經過敏、壓力相關及身心精神病、精神分裂、身心發展障礙等，報告指，大約每 7 位港人就有一位在一生中經歷常見的心理疾病，然而這群正在經歷精神健康問題的人當中，七成半並不會尋求專業協助。這份報告的數據令整個社會敲起精神健康的警鐘；2019 至今，港人經歷連串的社會事件和全球大流行的新冠疫情帶來的衝擊，生活、工作、人際和心理均需要調適，以適應新常態。

香港大學於 2020 年進行的一項調查發現，面對社會問題、疫情和外間的各種衝擊下，分別有 74% 及 41% 受訪者出現中至高度抑鬱或創傷壓力症狀，當中 24 歲或以下群組的兩項指數均較其他年齡層高。2022 年 3 月，利民會亦公佈其「即時通」精神健康支援熱線在首兩個月接獲的求助較 2021 年同期上升53%（東網，2022）。現代生活，面對情緒困擾需要更早的防禦，情緒健康，絕不能「有事」才關注。

🍃 情緒與身體健康的關係

身與心相連，情緒會影響身體狀態，身體狀態亦會影響情緒感受。情緒可以激發生理反應，如心跳加速、呼吸加快、腎上腺

素分泌、交感神經的作用等,因而解釋了為何在緊張、焦慮和恐懼時我們的心臟暴跳如雷、坐立不安、夜不成寐;在悲哀、抑鬱和極度失落時,胸悶、胃痛、目眩等不適會前來敲門。

● 腸易激綜合症與情緒相關

近年,在臨床會見的個案中,不少來面談的個案都未覺察到自己精神健康受威脅的程度,有一部分個案求助的動機是源於身體出現狀況,緊張時腸胃會出現「騎呢咕嚕」的感覺,繼而急切地需要上洗手間。這些個案初期很緊張,以為自己的腸胃或出現毛病,急不及待找醫生。然而,當腸鏡、胃鏡都照過,卻沒有發現甚麼毛病,醫生就建議他們在心理方面着手,找心理學家去處理壓力問題。「腸易激綜合症」(Irritable Bowel Syndrome,IBS)屬腸臟功能紊亂、失調或過敏所引起的症狀的統稱;腸道,被稱為我們的第二個大腦,對情緒特別敏感,腸易激的問題,亦與情緒息息相關。養和醫院臨床醫療心理學中心主任李永浩博士和副主任馮淑敏博士指出,壓力會影響個人的神經功能、內分泌、免疫系統,繼而激化腸道活動,腸易激的發病不只是身體問題,更與壓力和焦慮的情緒有關(明報健康網,2019)。

另外,中文大學與輔導教師協會公佈的一項研究(2021)指出,近兩成半受訪學生及一成家長患有中等至嚴重程度的腸易激症狀,家長及子女無論在腸易激症狀、焦慮及抑鬱症狀上的嚴重

程度均有明顯的關聯性。中大醫學院內科及藥物治療學系腸胃及肝臟科教授胡志遠指出，全港約有 28 至 30 萬成年人患上嚴重腸易激綜合症；在青少年腸易激患者當中，48.9% 有抑鬱症狀，40.3% 有焦慮症狀（香港中文大學醫學院，2021）。身體出現警號，告誡我們是時候靜下來，聆聽和關懷一下身心的需要。

● 積極正面情緒使人更長命

身心問題相互影響，無形的壓力會引起不同的身心症狀；相反，良好的情緒，如愉快、親密感和滿足感，可放鬆神經，有助增強記憶、減少心臟壓力，能保持心境開朗的人，更積極為自己的健康而負責，免疫力更強，且更長命。2001 年，University of Kentucky 的 Deborah Danner, David Snowdon 和 Wallace Friesen 閱讀了 180 名在 1917 年前出生，於美國基督教會「美國聖母院修道院」的修女所寫，關於她們的童年、所讀學校、宗教體驗以及為何加入修道院的自傳回憶。研究員着手分析這些回憶有關情緒的內容，根據記錄出現過正面情緒詞彙和消極情緒詞彙的句子打分，以分析 60 多年前寫的自傳回憶所含有與情緒相關的內容與這些修女的壽命有否關聯。結果發現，積極情緒內容與壽命有非常顯著的關聯，那些更快樂的修女（最高分的 25%）平均比那些不太快樂（最低分的 25%）的修女要多活十年，而負面情緒則未有顯示關聯。

第二章：心

🍃 不要再歧視和標籤某些情緒了，拜托！

一般而言，我們慣性把情緒粗略地分類為「正面」與「負面」。樂觀、愉快、滿足、釋放、自豪等是正面的；傷心、恐懼、焦慮、抑鬱、寂寞等是負面的。當聽到有「負面情緒」或別人在「放負」，每每想避開，「負面情緒必然是負面的」，這實在是對某些情緒的大誤解。在心理學層面，所謂的正面情緒是推動我們積極向上追求目標的情緒 (Goal Congruence Emotions)，而負面情緒則是窒礙追求目標的情緒 (Goal Incongruence Emotions)，本質上是沒有好與壞，正與負之分。

● 每種情緒都有其存在的意義

情緒的出現，是人類的原廠設置，而且這類設置是跨種族的，有着強烈共同性，是一個重要的自我保護與內在調節過程 (Ekman & Friesen，1971；Ekman & Oster，1979)，主要功能是協助人類更好地調適環境、提高我們生存能力和動力，例如恐懼是讓人應付危險；憤怒可讓我們清晰自己的期望；焦慮讓我們思考可能遇到的危機，從而想方法去避免。就如電影《玩轉腦朋友》(Inside Out, 2015) 中阿愁的出現令主角韋莉得到父母的關懷、阿怒的出現是表達內心的不公平、阿憎的出現會展示不喜歡和討厭、阿驚的出現是防護着韋莉的安全、阿樂則表示喜歡和愉悅；每個情緒都有其獨特的功能，而感受和覺察情緒最主要的作用，就是更清晰地呈現出內心的需要。

人類的生活就是不斷去迎接一個又一個變遷與挑戰，讓我們每天都因應這些大大小小的刺激 (Stimulus) 而作出調適（Adjustment），而情緒的衍生就是我們因應不同的刺激而產生的內外感受。簡單而言，情緒是形形色色情感表現的一個涵蓋性的詞語，心理學家 Ken Strongman(1987) 指出情緒是個人與生俱來的反應，此機制會因應個人的年齡增長、生理機能發展、認知想法成熟、外在環境的破壞、社會化、學習等相互影響，而持續地產生變化。情緒這個名詞可代表不同的意義，大多時候它被用來指特定情境下所產生的正負向感受。它可代表主觀經驗或感受、內在的生理反應、臉部表情或外在行為傾向等。

情緒可傳遞，宜疏不宜堵

情緒看似是個人的感受，但在群體社交中，我們都無可避免地會被周遭的人的情緒而影響，情緒傳遞 (Emotional Transmission) 就是指在日常生活的交流中，情緒會互相傳遞及影響，一個人的情緒和相關行為會直接觸發身邊人呈現出相類似的情緒和行為的一個現象，例如一個家庭成員近期如經歷重大的情緒事件，其他家庭成員也會因而有與其一致的情緒 (Larson & Almeida, 1999)。另外，「踢貓效應」亦表達了在一個組織或家庭中，處於地位較高的人以責罰地位較低的來發泄或轉移其挫折與不快，就像一個滿腔怒火的人受了上司的氣，在回家途中看到只有貓可以充當其出氣袋，因而以踢貓來發

泄。現實生活中，時常感到悲傷的伴侶不時在想法和溝通上陰鬱晦暗，另一半亦需要盛載和分擔其悲傷；焦慮的上司對任何改變常常呈現過分緊張的反應，員工亦因而倍感膽戰心驚；樂觀和積極的朋友喜歡安排不同活動尋快樂，友儕間相處更輕鬆愉快，這些都是情緒傳遞的例子。

筆者不太會以「控制」和「駕御」來看待個人和情緒的關係。情緒是我們的盟友，一直在人生的旅途和我們並肩作戰，認識情緒是克服壓力，保持身心社靈健康的關鍵一課。情緒的好與壞，在乎我們對其溝通與關懷。不控不駕，取以代之的應是管理。中國人傳統崇尚喜怒不形於色，認為這是高情商，甚至是成熟的表現，多少人因而苦苦壓抑自己，到治療室時便崩潰大哭。

管理情緒的問題，可以借鑑大禹治水的智慧：大約 4000 年前，黃河河水氾濫令百姓苦不堪言。其時，帝堯命令崇伯鯀治水，鯀受命後在岸邊設河堤堵住氾濫，然而，這個方法令河水越淹越高，洪水災禍依舊威脅百姓。後來，鯀的兒子禹繼任處理治水，在視察河道後，大禹把治水的方法一改，以疏導河川為主導，用水利向低處流的自然趨勢，令九河疏通了。經過十三年治理，成功消除洪水氾濫的災禍，最後獲得帝堯禪讓，成為帝夏（香港心理學會輔導心理學部，2021）。同理，「鬱鬱埋埋會鬱到病」，情緒需要的並非是壓抑和堵塞，而是疏導。

想要「高 EQ」？
控制的應是行為反應，不是情緒

情緒是人類「由細玩到大的『腦』朋友」，可是大部分人習慣了不太花時間去和這些腦朋友深入交流。很多人以為自己「我唔鍾意有情緒」，其實正解是不喜歡因情緒而引起不能自控的「行為反應」。情緒感受和情緒反應是不一樣的，舉例：

- **事件**：媽媽叫 5 歲的兒子收拾自己的玩具，兒子卻只顧着看電視，不予理睬。
- **情緒**：很生氣、焦急、無奈。
- **想法**：兒子不放媽媽的話在眼內，不聽話。
- **行為反應**：媽媽愈發大聲罵兒子，不耐煩地要脅要關掉電視。
- **結果**：兒子也發脾氣，媽媽關電視時，兒子大哭起來，媽媽更加生氣，罵他不聽話。

這個例子是情緒（很生氣、焦急、無奈）出現，媽媽因為自己即時的內在想法（兒子不放她的話在眼內，不聽話），繼而更生氣，想要教育兒子自己的事自己做，行為（愈發大聲吆喝兒子，不耐煩地要脅要關掉電視）導致結果（兒子也發脾氣，媽媽關電視時大哭起來，媽媽更加生氣，罵他不聽話）。可是，情緒感受和情緒反應可以是不一樣的，再換個角度看看：

- **事件**：媽媽叫 5 歲的兒子收拾好自己的玩具，兒子卻只顧着看電視，不予理睬。
- **情緒**：很生氣、焦急、無奈。
- **想法**：兒子正在投入地看他喜歡的卡通，這個時候很難分心去執行他日常會做的事（收拾玩具）。
- **行為反應**：待他看完一小段電視時再暫停，讓兒子可專注聆聽到自己的要求，並仔細説明在收拾好玩具後可以讓兒子繼續觀看。
- **結果**：兒子先是有點不願意，但清楚聆聽完媽媽的説話後，願意快快收拾玩具再看電視，媽媽的情緒也平靜了。

事件和情緒沒有變，想法改變了，行為反應隨之而變，結果就不一樣。情緒是因外在或內在的刺激而自然產生的，然而想法卻是可以控制，和從不同角度去分析的。因此在覺察和釐清情緒後，不用去否認和壓抑，嘗試着手從不同的角度去思考，便能有效地為自己創造一些空間去選擇如何更合適的回應，這個「空間」，正正就是處事的智慧，也是真正「高情商」的表現。

心理學家的情緒管理 ⑤ 步曲

① 認識情緒　覺察情緒

和人打交道要知己知彼，和情緒打交道亦要明察秋毫。感受到情緒時，嘗試釐清自己正感受到甚麼情緒並列出來，為情緒命名 (Naming)。下表為常見有關情緒的形容詞：

類別	相關的形容詞
恐懼	驚慌、驚恐、受威脅、脆弱、不安全感、焦慮、被拒絕、無助、擔心、無力、緊張、不勝負荷等。
憤怒	羞辱、苦澀、生氣、有攻擊性、失望、失落、受批判、背叛、不被尊重、妒忌、被激發、憤憤不平等。
憎惡	不被認可、失望、排斥、尷尬、震驚、可怕、可恨、嘔心、猶豫、討厭、厭倦等。
傷心	受傷、抑鬱、內疚、絕望、軟弱、寂寞、被孤立、被遺棄、哀傷、無力感、懊悔、空虛、自卑等。
快樂	玩味十足、滿足、有趣、自豪、被接受、有力量、平和、信任、樂觀、自由、喜悅、好奇、成功、自信、有價值、勇氣、具創意性、被愛、感恩、親密、有希望、具啟發等。
驚喜	嚇了一跳、迷惘、吃驚、激昂、震驚、沮喪、幻滅、驚喜、渴望、急切等。
壞心情	無聊、忙碌、感到壓力、疲倦、無可奈何、壓迫感、趕忙、不知所措、疲勞、倦怠、匱乏、無奈等。

② 了解「反應」非「回應」

了解情緒的功能和特性，才能讓我們步向接納和擁抱自己的情緒。每個情緒都反映着我們的想法、期望以及內心需求，不想被情緒控制，就要懂得去回應，例如：

- **憤怒時**：我有甚麼期望落空？是否感到受傷？還是被別人的不公平，不尊重而引起的反應？
- **焦慮時**：我害怕甚麼？擔心控制不了甚麼？是否習慣想很多才有安全感？
- **抑鬱時**：我有否討厭或內疚自己的某些行為？是否把發生不開心的事都過度歸因於自己？

情緒反應並不等於情緒回應，回應情緒是覺察和認知到情緒感受後，加以分析思考，再選擇應該以甚麼行為回應。

③ 和別人分享你的感受

2017 年，哈佛大學的一篇文章指出，人與人之間的連繫，是決定一個人活得滿足、愉快的重要因素 (Solan, 2017)。當局者迷，當我們被困於情緒和思考的死胡同，與別人分享，就是重新整理思維和發泄情緒的渠道。情緒宜疏不宜堵，即使是利用網絡媒體，誠然分享自己的感受，也會讓我們在情感上得到支援。

④ 活在當下

活在當下的意思是全然感受此時此刻，不為將來所焦慮，亦不為過去所抑鬱。Killingsworth & Gilbert (2010) 的研究指出，在一天之中，我們有 46.9% 的時間走神（分心），幾乎在所有活動中（性行為除外），有 30% 的時間都在走神。換句話說，即是差不多一半的時間不是專注在自己手頭上正在執行的工作：一面做功課一面看電視、和同事開會時查看手機、與伴侶聊天時看 IG。這一種 Mind wander，走神或心智漫遊的狀態，正正就是威脅我們的幸福感的無形兇手。不想被情緒牽着走，時刻把自己帶回當下，以不批判的心去感受、去覺察，好好和每一刻的自己相處。

⑤ 飲食、休息、運動

均衡飲食和營養、足夠休息、平衡娛樂、適量運動，這些促進健康的行為可確保我們有良好的體魄，同時亦促進情緒健康。香港中文大學醫學院 (2013) 調查發現，不定期運動和不做運動的受訪者，患上情緒病的風險，比定期運動，分別高出 1.8 倍及 3.7 倍。持續進行定期運動，除了能幫助放鬆全身、加速新陳代謝，以及促進血液循環，更有效提升睡眠質量和減低患上情緒病的風險，是身心靈健康的重要因素。

飲食、休息、運動和情緒健康的關係可參閱第一章。

參考資料

- Danner, D. D., Snowdon, D. A., & Friesen, W. V. (2001). Positive emotions in early life and longevity: Findings from the nun study. *Journal of Personality and Social Psychology*, 80(5), 804-813.

  DOI: https://doi.org/10.1037/0022-3514.80.5.804

- Ekman, P., & Friesen, W. V. (1971). Constants across cultures in the face and emotion. *Journal of Personality and Social Psychology*, 17, 124-129.

- Ekman, P., & Oster, H. (1979). Facial Expressions of emotion. *Annual Review of Psychology*, 30, 527-554.

- Killingsworth, M. A. & Gilbert, D. T. (2010). A wandering mind is an unhappy mind. *American Association for the Advancement of Science*. 330: 6006. 932. DOI: 10.1126/science.1192439

- Larson, R. W., & Almeida, D. M. (1999). Emotional Transmission in the Daily Lives of Families: A New Paradigm for Studying Family Process. *Journal of Marriage and the Family*, 61(1), 5-20.

  DOI: 10.2307/353879

- Leung, G.M. (2019, July 11). *HKUMed Reports Real-time Population Data on Depression and Suicidal Ideation: A Ten-year Prospective Cohort* [Press Conference Interview], School of Public Health, LKS Faculty of Medicine, The University of Hong Kong.

- Solan, M. (2017). The secret to happiness? Here's some advice from the longest-running study on happiness. Hard Health Publishing: Harvard Medical School. Retrieved: https://www.health.harvard.edu/blog.

- Strongman, K. T. (1987). The Psychology of Emotion (3rd ed.). John Wiley & Sons.

- 方婷 (2019)，《呃 like 心理學：擺脫認同成癮的勒索》，非凡出版。

- 明報 (2020 年 8 月 8 日)，〈疫情社運衝擊七成人現抑鬱症狀 港大調查：四成現創傷後壓力症狀〉。

- 明報健康網 (2019)，〈從「心」治療腸易激綜合症患者常見的 5 個情況〉，網址：https://health.mingpao.com，擷取日期：2019 年 9 月 6 日。

- 東網 (2022)，〈市民疫下精神健康瀕爆煲　機構首 2 月接逾萬宗求助〉，網址：https://hk.on.cc/hk/bkn/cnt/news/，擷取日期：2022 年 3 月 17 日。

- 香港心理學會輔導心理學部（2021），《心理學家的工具箱：疏導負面情緒的 10 大溝通法則》，萬里機構。

- 香港中文大學醫學院（2021），Press Releases：〈中大與輔導教師協會最新調查顯示本港學生患「腸易激」情況令人關注疫情下壓力上升 籲留意腸胃問題或反映情緒健康響起警號。〉，網址：https://www.med.cuhk.edu.hk/tc/press-releases，擷取日期：2021 年 7 月 29 日。

- 香港中文大學醫學院（2013），明報：〈太極加跑步最防情緒病 中大調查瑜伽氣功同有效〉，網址：https://www.cwwpmex.med.cuhk.edu.hk/

第二章：心

當發奮圖強不是你的初心——
責任愈大，壓力愈大

黑黝黝的房間，除了從窗外遠處飄揚，疾風中飛馳的車輛聲，透明清澈的心跳和軟癱在床上，疲憊不堪的身軀，是最熟悉的陪伴。日復日的按下鬧鐘、張開眼睛、伸個懶腰、掀開被子、拾起牙刷、穿上外衣、步出電梯、擠上港鐵、滑着手機，再營營役役、戰戰兢兢回到工作崗位，最大的願望，是今天一切順利，工作沒有意外，是恩賜。熟悉的掛上社會化的人形面具，包裹着廢置倦怠的生命力，習慣庸碌，安慰自己平凡是福。

記得仍在懵懂的小學階段，媽媽不時嘮叨：「你而家唔俾心機讀書，第日大個搵唔到嘢做會乞食㗎。」漸漸，「努力讀書，是為了將來不要被社會淘汰」，「讀書是為了將來搵食」的概念成了整個求學期勉勵的主要動機。這種「被迫營業」的狀態，直到完成學位，依舊沒有絲毫改變。曾經所有的努力，也是衝着逃避失敗而啟動，然而，在歲月間，即使達到某些預設目標，在享受短暫的欣慰與喜悅後，無以名狀的恐懼便會不知從哪裏鑽出來：之後維持不到會怎樣？稍事休息會被別人追及吧？原來壓力一直在背上。

🍃 巨大的壓力，還可以說是動力之源？

2006 年「巴士阿叔事件」除了引起網民關注，「我有壓力、你有壓力」、「未解決」還成為當年潮句，過了十多年，香港人的「我有壓力、你有壓力」，到底「解決未」？

幾十年來學者對壓力的研究，即使不把其視為洪水猛獸，也不會把其歸納為健康的盟友。「壓力之父」修爾 Hans Selye(1976) 第一次明確地提出壓力的概念：**個體在受到各種內外環境因素刺激時所出現的全身反應**，也就是生物（包括人）在具有傷害能力的壓力源 (Stressor) 中，掙扎並維持本身正常的狀態。

已有眾多的研究 (Selye, 1976; Cohen, et al., 2007; Saul, et al., 2005; Cohen, et al., 2007; Schmidt, et al., 1997) 指出，長期處於高壓下，身體的免疫力會下降，容易導致頭痛、失眠、緊張、腰痠背痛、發脾氣、不能集中精神、無胃口、情緒低落、工作表現欠佳、高血壓、心臟病、身心體力透支、精神緊張、增加焦慮、抑鬱和暴躁等情緒。研究指出，慢性壓力增加杏仁核的活性以及神經傳導路徑的數目，當「壓力荷爾蒙」皮質醇 (Cortisol) 增加，掌管學習、記憶以及壓力調適的部分功能會受影響。皮質醇還會造成腦部萎縮，影響專注、決策、判斷力和社交能力，因而有機會誘發其他心理及精神問題，如嚴重失眠、焦慮、抑鬱（李凌、蔣柯，2008）。

每當聽到壓力，大部分人很自然會聯想到是由一些較大而負面的事情所誘發，但研究指出，其實日常的生活困擾和耗損 (Daily Hassles) 更易令我們受到壓力的影響，而這種壓力往往更易被人忽視。舉例，假如你所住的大廈需要維修，每戶住戶有兩個選項，一是你需要在一年裏每天付 $5；二是一次性付 $1,000。看上去 $5 是小數，而一次付 $1,000 好像有點多，但其實每天不知不覺的支出積累下來，總括來説是更多。

壓力的類別

- 重要生活事件（Major Life Events）：重大的事件，如家人離世、結婚、離婚、買樓等。

- 日常生活困擾（Daily Hassles）：日常生活中的雜事，如交通混亂、日常爭吵、時間壓力、健康問題等。

- 災難事件（Disasters）：環境災難，如新冠病毒威脅、地震、空難、水災、颱風等。

- 社會事件（Social Incidents）：如人口過剩、犯罪、經濟不景、污染等。

壓力有好壞之分

壓力是由外在或內在，不論正面或負面，轉變或衝突所引起，所有生活上的轉變、衝突與挫折皆可構成不同程度的壓力。當我們明瞭壓力是因為應付「困難和挑戰」所產生的「生理及心理反應」，就可更好地調節這個機制。「耶基斯—多德森定律」(Yerkes-Dodson Principle) 是心理學家 R.M Yerkes 和 J.D Dodson (1908) 經實驗研究歸納出的倒 U 形假說，解釋心理壓力、工作難度與表現三者之間的關係。此定律說明，過少的壓力讓人渙散，工作表現不佳，而當壓力到達相當的程度，我們會產生更高的動力和達到最佳表現 (Peak Performance)，這種情況就像在公開比賽時，選手們都會面對相當的壓力，但正因這種壓力在「好壓力」(Eustress) 範圍，是可以承受的程度，他們往往會有卓越和突破的表現。然而，過多的壓力會成

為「壞壓力」(Distress)，讓人感到緊張、焦慮不安，令表現能力下降。長期處於高壓而無法提升能力或減少壓力源的刺激時，會令人身心衰竭和崩潰。

✦ **壓力曲線圖**

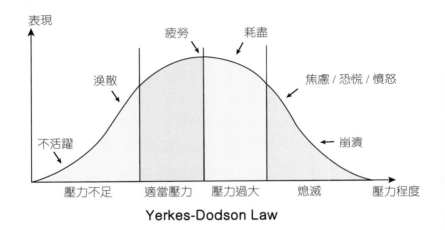

Yerkes-Dodson Law

壓力還有更多未被發掘的秘密

健康心理學家 Kelly McGonigal (2013) 在一項長達 8 年，有關壓力與健康的研究中顛覆了我們對壓力的認知，並以新角度去把多年來一直視為「敵人」的壓力闡釋。在這個研究了 3 萬個美國人口的數據指出，在過去一年內承受極大壓力且相信壓力是有害於健康的人，死亡機率的確增加了 43%；這部分沒有甚麼新鮮，最意外的發現是，比起其他人口，在過去一年內

承受極大壓力但不把壓力視為有害者，他們死亡的機率比只承受一點點壓力的人還低，簡而言之，同樣感到自己承受極大壓力，但不認為壓力對身體有害的，他們的健康狀況，在這個研究中是最佳的。

多年致力宣傳壓力對於健康危害的 McGonigal 十分驚訝，她發現原來真正導致身心靈負面影響的，並不是壓力本身，而是我們如何看待壓力。當我們認為壓力是好東西，身體便會進入「準備作戰」的狀態，血管保持鬆弛，身體調節到猶如處於興奮的狀態，讓我們更佳地迎戰；對壓力改觀時，身體對壓力的反應也將隨之改變。壓力，的確可以成為健康的盟友。

● 成日好劫？真係會「劫死人」

McGonigal 的研究證實了「壓力原來係好嘢」，但每天面對壓力逼近的你我，又如斯真實地體會到「我有壓力、你有壓力」，或許你曾感到整個人感到異常的「累」，即使是休息過後，仍然無法讓精神抖擻起來，整個人提不起勁，是有病麼？疲倦是人正常的生理反應，在人體經過一天腦部運轉或劇烈運動，甚至焦慮緊張之後，會出現暫時性的疲勞感。通常這一類的疲勞經過足夠的休息後，都會在短時間內復原。然而，有些疲累，並不是透過休息就可回到原點。**每天的消耗，若只有身體休息，而心靈沒有休息，營營役役過後，疲勞的不只是身體，而是從內滲透出來的疲累。**

有報道曾引用「過勞死」這個詞來形容因長期慢性疲勞而導致的猝死，過勞死多數為年輕力壯的中年人，因為工作時間過長、勞動強度加重、心理壓力過大等因素而導致精疲力竭，甚至令某些潛藏的疾病急速惡化，繼而喪命。患者大多有身體脆弱因素或潛在疾病，因為當事人不自知或者不為意，任由身體浩劫、積勞成疾導致病發死亡。世界衛生組織於 1988 年正式把這情況定義為「慢性疲勞症候群」(Chronic Fatigue Syndrome)。

慢性疲勞症候群的診斷還包括排除其他可能產生類似症狀的臨床狀況，主要發生在 20 至 50 歲之間，存在持續性或反覆衰竭性疲勞，或者個人感到很容易疲倦，並非因明顯身體的毛病而導致。這種疲勞不會因休息而得到緩解，令日常活動量減少五成，每一次這個情況出現至少持續 6 個星期，即使去做檢查，醫生也找不出致病因素。右頁後的自我診斷表的症狀內容，看似平常，正正就是慢性疲勞症候群的診斷標準。

✦ **自我診斷：慢性疲勞症候群**

主要症狀

無法解釋的持續疲勞感，與運動無關，休息過後也無法改變。此症狀是新產生的，而且造成日常活動的顯著減少。

次要症狀：至少符合 8 項症狀中的 4 項，且持續 6 個月以上，即可診斷為慢性疲勞症候群。

1. 短期記憶力或專注力減退。

2. 運動後疲勞不適感持續 24 小時以上。

3. 睡眠無法消除疲勞。

4. 肌肉痠痛。

5. 多處關節疼痛，但是沒有關節紅腫的情形。

6. 與以往不同型態或嚴重的頭痛。

7. 頻繁發生的喉嚨痛。

8. 頸部或腋下淋巴結疼痛。

資料來源：Fukuda K, Straus SE, Hickie I, et al, Ann Intern Med, 1994 Dec 15; 121(12): 953-9.

何解會被「慢性疲勞症候群」纏上？

有研究指出，診斷為慢性疲勞症候群的人佔社會大約 0.2%，女性大概 52%，24% 會經歷持續一年以上的慢性疲勞。學者 Bell 在 1991 年出版的一份報告指出，60% 慢性疲勞症後群患

者有抑鬱症的症狀；當中很多都伴隨人際關係問題、工作困難，以及感到社會疏離，繼而慢慢地發展出一種罪惡感以及低自尊感。目前暫未有針對慢性疲勞症候群的有效藥物，假若我們想擺脫此症的威脅，最有效的方法就是時刻覺察自己的身心靈健康、平衡工作與生活，而足夠運動、在食物中攝取均衡而優質的營養。感到壓力時，千萬不要自己獨自承受，建立良好的人際網絡，找到精神上支援亦至關重要。

抗壓需要「控制感」和「能力」

吸煙、喝酒、濫藥等行為看似「減壓」，其實最核心的心理需要是「控制」。控制的需要源於我們對可預測環境的需要，以確保我們能夠有效地應付挑戰。當個人失去控制感，無法在一般狀態下透過自我調節控制壓力和緊張，無力感便會像病毒蠶食我們的鬥志，這時人的保護機制會出來爭取控制感，而吸煙、喝酒或利用藥物都可以讓人擁有短暫解開壓力的效用，恰似能控制壓力，故會成為一些人的行為習慣。

成長理論 (Growth Theory) 指出，人和動物成長的動機是和環境相互影響的，人類並非與生俱來就具備充分發展的能力，而為了適應和成功克服挑戰，人類需要發展不同的能力，從而促進成長的動力。

◆ **成長理論**

差異 → 緊張 → 減少緊張與差異 → 發展技能和智力

●壓力是可以征服的

感到身心緊張是個人採取行動去減少差異的源頭，有了成長動機，只有當個人發展出足以有效應對環境的技能或認知結構時，這些緊張的情緒才會紓緩。靠着獲得新的或優化技能與知識，我們才可建立相當的能力去征服 (Mastery) 壓力。

靜觀 (Mindfulness) 與減壓的微妙關係

近十年間，靜觀課程如雨後春筍般在世界各地蓬勃開展，不只在主流心理治療，如認知行為治療中廣泛應用，一些跨國企業亦加入成為員工培訓工具。「靜觀」或稱「正念」(Mindfulness)的概念雖源於佛教冥想，但在現代心理治療領域裏，卻脫離了宗教，旨在透過靜觀練習減少壓力、提高覺察和專注力、促進身心和諧。

許多研究證明，持續的靜觀練習可以引起腦部結構，以及腦神經活動和功能網路的轉變，8 個星期的靜觀練習，可增加覺察力和正面情緒 (Fresdrickson, et al., 2008)。而當持續地練習靜觀時，部分腦部結構，如海馬體、後扣帶皮層、顳頂交界處等的灰質 (Grey Matter) 密度增加，可有效達至減壓、調節情緒、增加同理心等正面改變。

 ## 心理學家的情緒管理 ⑤ 步曲

① 糾正對壓力的認知

壓力可以是健康的盟友，積極心態改變的不只是命運，更多的是主動追求幸福和快樂的動力。認識壓力和其本質，改變和壓力相處的心態，就可以改變思維和行為。以積極心態面對壓力可讓我們遇到挑戰時以更佳的身心狀態迎戰，並且能建立自信，建構各種心理技能，以及強化良好的基礎。

② 發展興趣

心理學家 Mihály Csíkszentmihályi 提出「流暢感」(Flow) 的狀態，也即是一種全神貫注於此時此刻的體驗。當找到和發展自己的興趣，從小目標開始挑戰自己，在過程

中不但享受，本身亦具有意義，對提升正面情緒和平衡壓力有積極幫助。

③ 增加自我效能感 (Self-Efficacy) 和 控制感 (Sense of Control)

自我效能是指「人們對於他們具備通過自身行動產生滿意結果的能力的信念」，也即是説在某種條件下，「我相信利用我的技能可以取得成功」(Bandura, 1989a, 1989b, 1977, 1997)。當我們訂了某些學習和生活的目標，持續執行會帶動自我效能感，而見證自己透過努力而達至進步會產生控制感，減少壓力對身心靈的影響。

④ 學會説「不」

壓力來自於過多或過大，讓人應付不了的壓力源。減壓的方向可分為增加個人能力，和減少或遠離壓力源。遇到問題（壓力源）時，當機立斷去面對，並以合理和可行的方法處理，不要輕率承諾自己不能應付的事；有必要時，應離開壓力源的情境，盡量將注意力集中在一些自己能力範圍內的事情，不要忘記自己的長處，多欣賞自己的成就。

⑤ 恰當地分配時間

當遇上工作和私務繁多時，可嘗試羅列出所有要完成的任務，再按照它們的重要性和迫切性排出先後次序，按次序完成最迫切和最重要的任務，再把複雜和困難的任務分拆成數個細小的任務，讓自己認知到完成的程序，從以減少焦慮感。

✦ **有效的時間分配**

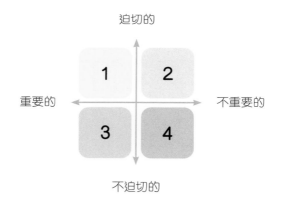

⑥ 把靜觀和呼吸練習融入生活

當我們受壓時，呼吸會變得短促和不規律。這種呼吸模式會令體內的氧氣和二氧化碳比例失衡，並產生緊張時的生理徵狀。在練習呼吸的初期，可以在安靜和光線較柔和的房間中，首先將身體靠在或躺在椅上，

全身放鬆，將有礙於全身放鬆的眼鏡、領帶、手錶、項鍊、戒指等脫下。把專注力放在呼吸上，注意自己呼吸的節奏，以不批判和接納的心去覺察吸氣和呼氣的感覺。當熟悉了覺察呼吸節奏，就讓之融入在生活，在坐車、上班、走路等日常生活上，時刻覺察自己。遇上壓力時，可以嘗試把呼吸放慢和放輕，調節因壓力和緊張而產生的身體不適。

參考資料

- Bell, K. M., Cookfair, D., Bell, D. S., Reese, P., & Cooper, L. (1991). Risk factors associated with chronic fatigue syndrome in a cluster of pediatric cases. *Reviews of infectious diseases*, 13 Suppl 1, S32-S38. DOI: 10.1093/clinids/13.supplement_1.s32

- Cohen, S., Janicki-Deverts, D., & Miller, G. E. (2007). Psychological stress and disease. *Journal of the American Medical Association*, 298(14), 1685-1687.

- Franken. (2014). *Human Motivation*. U.S.: Cengage Learning.

- Fukuda, K., Straus, S. E., Hickie, I., Dobbins, J. G., Komaroff, A. (1994). The chronic fatigue syndrome: a comprehensive approach to its definition and study. International Chronic Fatigue Syndrome Study Group. *Ann Intern Med*. 1994 Dec 15;121(12):953-9.

  DOI: 10.7326/0003-4819-121-12-199412150-00009.

第二章：心

- Saul, A. N., Oberyszyn, T. M., Daugherty, C., Kusewitt, D., Jones, S., Jewell, S., & Dhabhar, F. S. (2005). Chronic stress and susceptibility to skin cancer. JNCI: *Journal of the National Cancer Institute*, 97(23), 1760-1767.

- Schmidt, N. B., Lerew, D. R., & Jackson, R. J. (1997). The role of anxiety sensitivity in the pathogenesis of panic: Prospective evaluation of spontaneous panic attacks during acute stress. *Journal of Abnormal Psychology* , 106(3), 355-364.

- Selye, H. (1976a). *Stress In Health and Disease* Butterworths.

- Selye, H. (1976b). *The Stress of Life* (rev. edn.). McGraw-Hill.

- TED. (2013, June). Kelly McGonigal: How to Make Stress Your Friend [Video file].

  Retrieved: https://www.ted.com/talks/kelly_mcgonigal_how_to_make_stress_your_friend?language=en

- Yerkes, R. M., & Dodson, J. D. (1908). The relation of strength of stimulus to rapidity of habit-formation. *Journal of Comparative Neurology and Psychology*, 18(5), 459-482.

- 香港中文大學醫學院（2013），明報〈太極加跑步最防情緒病 中大調查瑜伽氣功同有效。〉，網址：https://www.cwwpmex.med.cuhk.edu.hk

- 李凌、蔣柯（2008），《健康心理學》，中國：華東師範大學出版社。

- 陽毅，歐陽娜（2006），〈國外關於復原力的研究綜述〉，《中國臨床心理學雜誌》，14(5)，pp. 539-541。

- 陽志平，彭華軍（2020），《積極心理學：團體活動操作指南 （第二版）》，機械工業出版社。

第三章 社

3.1

到底甚麼叫做愛？——
婚姻及親密關係的危與機

選擇對方作為終身伴侶，繼而步入婚姻，每一對戀人都希望天長地久。擇吉日、拍婚照、為婚禮作準備，一切一切，無非想為人生其中一個最大的喜悅留下美好回憶。人生中有某些關係並非由我們所選擇，例如父母與親戚；某一些則是自己有意識地去經營的，例如是朋友和伴侶。要長時期保持和維繫良好的關係是人生一大挑戰，尤其是和我們朝夕相對的另一半。其實婚姻及親密關係都是人生大事，牽連的不止是愛情，而是整個人的幸福感。

據統計，2018 年至 2021 年的結婚率由 6.6% 下降至 3.6%，遲婚和不婚的情況亦趨普遍。現代社會的婚姻較少傳統的束縛，更多是個人的選擇，婚姻及親密關係乃人際相處一大課題。有研究指出，已婚人士一般較離婚或單身者快樂；受訪夫婦認為如果沒有結婚，他們不會像現在那樣幸福 (Grover & Helliwell，2014)。研究亦發現已婚人士的持續幸福感高於未婚者，人到中年時，婚姻能緩和中年時的情緒困擾。若果能將伴侶當作最好的朋友，幸福感將提升更高，夫妻之間保持良好親密關係是長期身心健康的關鍵。

婚姻質量與心理健康對關係有甚麼影響？

Diener 等學者 (1999) 發現，在未婚而有伴侶者，會較無伴侶者具有顯著的幸福感。但相比起獨身，留在不愉快婚姻的人卻是最不快樂的。婚姻的質量影響關係的穩定性、家庭結構的完整性，以及個人的身心健康，包括感情生活、物質生活、業餘生活、性生活以及家庭凝聚力的綜合狀態。婚姻的幸福感取決於以下因素：

- **個人因素**：性格、依戀類型、文化及教育背景、價值觀、對婚姻的期望和情緒穩定性等。
- **家庭溝通**：夫妻間權利與角色的分配、交流溝通方式、解決衝突與問題的能力、性生活協調性等。
- **外界因素**：經濟狀況、與子女，父母和親友的關係、第三者等。

● 高質量的婚姻需要雙方努力經營

婚姻對個人來説不止是得到一個與之生活契合和心靈的伴侶，而是對一段關係及一個家庭的承諾。高質量的婚姻讓人感到被愛、被支持、被尊重，也令人更有安全感及歸屬感，個人會積極地為整個家庭而付出。然而，保持高質量的關係需要很多的協作和溝通能力。曾經看過一則笑話，一名作家推出新書 *How To Change Your Wife In 7 Days*，出版即大賣，一星期後，發現書名錯了，串錯了一個字，正名應該是 *How To Change Your Life In 7 days*，改名後銷量即時下跌。看來這是一則笑話，卻展示了婚姻中大部分人的想法：遇到不滿和困難，總是想辦法改變對方，而非深思自己的角色能作出甚麼改變。

🗨 原生家庭的缺失引來對愛的不安全感？

原生家庭的概念源自社會學，意即當子女還未結婚，仍然和父母生活，原本成長的那個家庭。不少個案分享困擾時，會提及自己在一個沒有安全感的環境下成長，隨着年月過去，內心仍然充斥不安感。**這種心靈的匱乏和被愛的渴求轉移到需要另一半以很多的物質、行動和甜言蜜語去滿足，而當伴侶疏於表達這些行為時，便會開始懷疑伴侶是否經已不再重視和不再愛自己，甚至會想自己根本不值得他人無條件地去愛。**

另一邊廂，當和這些個案的伴侶溝通時，伴侶通常都會表達出一種無奈，不知道如何才可滿足另一半的挫敗感和無力感便成為倆人日積月累的情感傷痕。再多的愛，也好像不足為憑，久而久之，這樣失衡的關係，導致爭執和不解，雙方心的距離也就越來越遠。David Freeman 在其著作 *Family Therapy with Couples: The Family of Origin Approach* 中提及五個原生家庭的重要角色，亦闡述原生家庭對於將來所創立的新家庭潛移默化的影響。

- **影響一**：在原本的家庭經歷當中，有許多未完成或未被滿足的情感需求，如覺得父母給予的情感不足，讓我們感到缺乏安全感。這些感覺會帶到將來和伴侶相處的關係中。

- **影響二**：選擇伴侶時在情感上希望得到在原生家庭當中未完全得到的需求，如渴求另一半的肯定和感到自己獨一無二的存在。

- **影響三**：帶着這些未完成的情感包袱，希望在自己的婚姻關係或家庭當中得到修補或解決，所以在自己的關係裏潛在着許多渴望以及需求。

- **影響四**：如果在原生家庭得不到家庭的滿足，就會變得苛索，無能力和空間去為伴侶付出，只想另一半去表達對自己的關懷。

- **影響五**：關係上的問題大多是因為原生家庭未了的心結，讓當事人一直覺得自己缺乏愛，無條件關懷、被關注與支持。

● 親密關係的核心是愛自己

愈是缺乏愈是苛求，不斷要求對方付出是否能代表愛？有些人會覺得如果一個人願意在你身上花錢花心機來「氹你開心」，就是愛你的表現。然而，眾多的心理研究指出，**真實而實在的愛，是由內而外的。也就是，當一個因為原生家庭的影響而覺得自己不值得被愛的人，即使他人不斷給予，亦很難令其滿足。**在關係裏，表面上對物質索求不斷，渴望對方會願意時刻以很多行動證明愛的人，其實內心的渴求是不斷想去證明，自己是值得被人去付出和無條件去愛的。

物質和官能上的滿足，當下或許會讓人感到快樂，但相比之下，長久的滿足感則源於自我持續地有愛自己的能力，這一種自我的價值和滿足必須透過不斷令自己進步而達成。當有能力好好愛自己的時候，就更加可以感受到其他人對我們的尊重與關懷，在每段關係中，得到更實在的安全感。親密關係，除了指和其他人，更加基本核心就是和自己。

親密關係中的依附模式

著名心理學家 John Bowlby 在五十年代後期開始提出的「依附理論」(Attachment Theory)，指出依附關係存在於嬰兒和照顧者之間，在嬰兒時期我們期待父母對自己的需求是有回應的、敏感的和支持的，如果照顧者滿足這些心理需要和提供情

感連結，我們便能建立安全感和信任別人，放心探索外間的環境。為更深入了解，發展心理學家 Mary Ainsworth 把此理論再推進，利用「陌生人情境實驗」去區分不同類型的依附。簡單而言，我們可以把依附分為以下四種模式：

1. **安全型依附型** (Secure Attachment)：會尋求和親近照顧者，信任照顧者。

2. **焦慮迴避型** (Anxious-avoidant)：迴避照顧者，好像不特別與照顧者親近。

3. **焦慮矛盾 / 對抗型** (Anxious-ambivalent)：又愛又恨，渴望照顧者的注視親近，同時又會展現憤怒。

4. **紊亂型** (Disorganized Attachment)：沒有固定和連貫的反應，極度缺乏安全感，情緒起伏和人際互動不穩定。

在 1986 年，Cindy Hazan 和 Phillip Shaver 把依附理論應用到成人的關係，發現四種不同關係的依附模式代表着我們對待戀愛對象的態度。安全型依附型的成人和別人親近時很自在，可放心地依賴他人或讓他人依賴，自然地表達自己；焦慮迴避型的成人和伴侶太親近時會感到不安，不容易信任他人或依賴他人；焦慮矛盾 / 對抗型的成人很渴望親密，但又擔心伴侶不愛自己，有時會口不對心。了解自己的依附風格可以協助我們分析與伴侶相處的模式，從而對症下藥，在情感關係中擺脫不安全感。

🍃 婚姻危或機？

曾經有報道指，自從疫情出現之後，中國離婚率激增，而日本在疫情下離婚率亦都創新高。香港的情況如何？根據香港特別行政區政府統計處「香港的女性及男性主要統計數字2020年版」，1991年至2019年香港離婚宗數不斷增加，由1991年的6,295宗，上升至2019年的21,157宗。離婚率和入息中位數以及教育程度有一定的關聯性。香港離婚率較高的區域，收入中位數和教育程度相對較低。舉例，離婚總數最多的地區是深水埗區，該區的收入中位數大約為 $24,300，是全港第二低。而擁有學位課程以上教育程度的居民比率是25%；香港離婚總數最少的地區是中西區，港島區的收入中位數達 $41,400，具學位課程以上教育程度的居民比率為45%。

冷冰冰的數字不能取代每一對夫婦的故事。有人形容，以往的人所用的東西如果舊了壞了，他們習慣去修理；然而現代人生活富足，想要的和所需要的都不乏選擇，所以我們用的東西舊了壞了，不會想着去修理，丟掉再買會更加快樂。這個比喻恰巧亦貼切地形容了現代婚姻，許多人選擇離婚，都是認為婚姻「壞咗」，沒有辦法，亦不願多花心機和時間去「修理」，甚或懶得和伴侶再去溝通與協商，在處理失效婚姻的過程中，承受着不同程度的壓力。

關係中的煩惱與不快，都是源於我執，執着於理想的婚姻生活、執着於分你我、執着去計較對方比自己付出得少，因而跌入思想的困窘：「點解喺一段關係當中，好似得我一個喺度努力咁？」，「我都改變唔到佢，再講有咩意義呢？」、「當初就係無了解清楚，所以而家知道唔 work。」假若在婚姻中感到疲累，或可先重組一下問題，先不要想着如何放棄，而是想辦法去修理。**在任何關係中，用正面溝通代替情緒發泄，用聆聽取代指責，用鼓勵的説話代替批評，用微笑取代抱怨，都可以建立更加好的溝通橋樑。**

✦ 長效親密關係與甜蜜婚姻 10 大要點自測

* 可於你認為有執行的要點上畫上剔「✓」號。

1. **情緒穩定**：情緒穩定有助雙方理性地表達自己。＿＿＿

2. **良好溝通與體諒**：良好溝通除了解決現實問題，還需要同時關注對方的情感表達。＿＿＿

3. **多以正面語言回饋和表達情感**：常常直接指出欣賞對方的地方，例如良好的態度和欣賞的行為。＿＿＿

4. **有技巧地處理紛爭**：處理紛爭時可以先聆聽對方的需要，再協商共同目標。＿＿＿

5. **互相支持**：讓對方感受到你的支持，有說愈是熟落的關係，愈不會鼓勵你去冒險，而人需要身邊的人的支持。在關係中減少對對方的控制，鼓勵支持對方去讓自己成為一個更好的人。＿＿＿

6. **互相信任**：信任對方，亦讓對方能信任。＿＿＿

7. **相信對方關注自己的幸福**：減少懷疑，多表揚對方關注自己幸福的行為。＿＿＿

8. **處事及解決問題具靈活性**：減少一意孤行和覺得自己一定是對，對方一定是錯的態度。＿＿＿

9. **平均分配家務以及照顧孩子**：婚姻和親密關係是 Partnership，大家共同協作、分擔責任和在家庭崗位裏的角色，以相討取代單人匹馬解決的問題。＿＿＿

10. **尊重和認真重視對方**：做決定時有商有量，尊重對方的個人興趣和想法。＿＿＿

心理學家促進親密關係 4 步曲

① 重視溝通 尊重對方

良好的溝通不只是清楚表達自己，也是能有效聆聽和明白對方。中文字「聽」有着美麗的解釋，聽字由「耳」、「王」、「十」、「目」（四字的取代）、「一」和「心」組成，正正就是聽的意義。

- 用「耳」朵去接收訊息；
- 「王」代表尊敬對方如王；
- 「十」方八面，全方位接收；
- 除了用耳，還要用「目」觀察；
- 「一」心一意地聆聽；
- 用「心」去感受。

發生衝突時，切勿以內心的「掃描器」去偵緝對方的不是，讓自己了解別人的角度，尊重對方的表達，才可達至有效溝通。再忙碌也至少每天花 20 至 30 分鐘交流與分享，真切地聆聽，讓對方感到被關注。

② 充實生活內容，避免伴侶感到孤獨

性心理學家發現，孤獨感是促成外遇的主要原因（鄭莉君，2014）。欠缺親切友好的感情交流、忽略對伴侶的

第三章：社

關懷和性關係冷淡，都會讓伴侶感到孤獨和不受重視，這樣很會容易催化以尋找新關係來滿足身心需求。**要消除在婚姻中的倦怠感，除了調適自己的期望，也可以多花心思在創造新鮮感上，發展共同興趣，增加雙方之間的話題。**家庭活動是促進各成員之間溝通的良好方式，例如是一家人郊遊、運動、看電影、定期和共同朋友聚會、一起做家務等，這些共同活動和成員之間的積極交流，有助鞏固關係，增加家庭凝聚力。

③ 保持個人的獨立性

Falling in Love 一書的作者，心理學家 Ayala Malach Pines (2005) 寫道：「與其變成一個被拒絕的小女孩，需要大力敲門才能得到回應，不如學會保持成年人的身份，以一種能增加得到回應可能性的方式來要求她想要的東西。」**步入婚姻生活不代表放棄自我的身份**，現代社會發展急速，要與時代同步，就需要不斷學習，例如與孩子溝通的知識，個人興趣持續發展等，既可增值自己，又是家庭與成員交流學習的趣事。好好經營自己，同時對關係抱持積極正面、獨立性和平衡適度的依賴，是保持婚姻和個人身心健康重要的元素。

④ 運用愛的語言

Gary Chapman 博士在 1992 年出版《愛的五種語言》，當中概括地列出五種表達和感受情侶間愛的方式，五種愛的語言包括：

	怎樣解？	你可以：
肯定的言語 (Words of Affirmation)	肯定對方的付出和動機，多用言語表達感恩、關心和慰問。	看到妻子剛煮好晚飯時，「今日咁熱你去街市買餸再身水身汗準備晚餐，真係辛苦你。」
精心時刻 (Quality Time)	為對方製造精心時刻、有質量的溝通以及陪伴，專注在和對方相處中。	每日都設定一個精心時刻，可以是晚飯後或睡前，放下手中的事，好好溝通和陪伴。
接受禮物 (Receiving Gifts)	贈送窩心或關懷對方需要的小禮物。	寫下讚美和感恩的小紙條、送贈小飾物，重點是心意和表達關心。
服務的行動 (Acts of Service)	以實際行動為對方做一些體貼的事。	主動分擔家務、炮製一頓美食、泡茶等。
肢體接觸 (Physical Touch)	伴侶相處時有適當的肢體接觸，可增加親密和連結。	擁抱、牽手或是聆聽對方時拖着對方的手以示支持。

療癒之書──身心社靈健康手冊

參考資料

- Ainsworth, M., Blehar, M., Waters, E., & Wall, S. (1978). *Patterns of Attachment*. Hillsdale, NJ: Erlbaum.
- Bowlby, J. (1982). *Attachment and loss. Vol 1. Attachment* (2nd ed). New York: Basic Books.
- Chapman, G. D. (1992). *The Five love Languages: How To Express Heartfelt Commitment To Your Mate*. Northfield Publishing.
- Diener E., Suh, E. M., Lucas, R. E., & Smith, H. L. (1999). Subject well-being: Three decades of progress. *Psychological Bulletin*, 125(2): 276-302.
- Freeman, D. S. (1992). *Family Therapy With Couples: The Family of Origin Approach*. Jason Aronson, Inc.
- Grover, S. & Helliwell, J. F. (2014). How's life at home? New evidence on marriage and the set point for happiness. *Journal of Happiness Studies, vol 20*(2), p. 373-390.
- Hazan, C. & Shaver, P. (1987). Romantic love conceptualized as an attachment process. *Journal of Personality and Social Psychology*, 52(3):511-24.
- Pines, A. M. (2005). *Falling in Love: Why We Choose the Lovers We Choose.* 2nd edition. Routledge.
- 香港特別行政區政府統計處（2021），〈香港的女性及男性主要統計數字 2020 年版 〉，網址：https://www.censtatd.gov.hk/tc/EIndexbySubject.html?pcode=B1130303&scode=180
- 鄭莉君（主編）（2014），《健康心理學》，中國人民大學出版社。

自己一個人就開心？——
不，和別人一起才幸福

榮格曾說過：「所謂寂寞，不是我身旁甚麼都沒有的時候找上門，而是在我無法與我認為重要的事情上進行溝通時才找上門。」在現代化的社會，社交媒體讓我們更容易「聯繫」到朋友，但這並不代表有着更好的「連結」，而即使是和其他人有交集，無效的溝通模式和人際衝突亦是常見的社交困擾，更成為不少人職場不如意的主因。

電影〈重慶森林〉於 1994 年上映時引起極大迴響，電影中的人物各有不同的身份與生活，卻同樣展現着在繁忙生活下的疏離與寂寞，渴望擺脫封閉，卻脆弱而無力。當中梁朝偉飾演編號 663 的警察，常常對着屋內的物品，如毛巾、公仔、肥皂說話，他對着毛巾說：「我早就想罵你了，你變了。你知唔知道？做人要有性格嘛，就算她（離開了的女朋友）真的不回來，你也不要改變你自己啊。」電影透露出在大城市下，人們無法安放的情感，在高樓大廈間擦肩而過的人群下，空虛和距離感讓孤獨默默蠶食着我們的心靈健康。

🍃 孤獨有害：新時代下的「疾病」

在日漸富裕的社會，疾病可得到更佳的照料，可是人心卻不一定更快樂。2006 年，Miller McPherson、Lynn Smith Lovin 和 Matthew Brashears 發表了一份研究，指出與上世代相比，美國人減少了 1/3 的親密好友，25% 的受訪者說自己並沒有任何親密好友。事實上，長期處於孤寂和寂寞，不但主觀感覺難受，還會威脅我們的幸福感、減低受壓能力、影響睡眠和健康。

研究指出，孤獨會破壞大腦的認知與及執行正常運作的職能，影響健康和降低深層睡眠的時間 (Cacioppo & Hawkley, 2009)。孤獨感更會對心理健康帶來負面的影響，當人長期

被孤獨感籠罩，可能會感到焦慮、害怕人際相處中他人對自己的評價，從而隱藏真正的想法。(Cacioppo & Cacioppo, 2014)。另有研究指，孤獨者對社會人際威脅常存有較高度的警惕，會視身處的環境為嚴苛和充滿威脅的。處於欠缺真摯溝通的時候，許多人會把自己的快樂投放於個人物質和消費娛樂上，因此，近年電競、上網、影視等成癮問題亦引起許多心理學者的關注。

● 孤獨的傷痕靠愛與連結

持續了兩年多的疫情打斷了人的連結，口罩防疫、社交距離、隔離政策窒礙了日常的人際交流，而與人連結而產生的幸福感，是無法被取代的。正向心理學之父 Dr. Martin Seligman 在其著作 *Flourish* (2011) 提出「幸福理論」(PERMA)，指出幸福有五個元素，包括：正面情緒 (Positive Emotion)、全心投入 (Engagement)、正面關係 (Positive Relationships)、意義 (Meaning) 和成就感 (Accomplishment)。其中，正面關係是指與人保持親密和良好的關係，包括定期接觸溝通及進行活動、互相關心及幫助、互相欣賞及表達謝意，使得我們得到社會支持，即使在壓力下亦可得到心理支持，是個人幸福的支柱之一。

● 親密關係促進幸福感

研究顯示，快樂的人大多都有親密的關係和活躍的社交生活。哈佛大學史上最長的「幸福感」(Happiness) 研究從 1938 年開始，至 2013 年已進行 75 年，研究總共追蹤了 724 位成人，每一年研究團隊都會調查研究對象的工作、生活、健康等狀況。此外，研究人員還到訪研究對象的家中，親自與他們的父母面談。哈佛大學醫學院臨床精神病學教授 Robert Waldinger 是該研究的第 4 個主持人，他歸納了以下 3 個重點：

- 良好的關係讓我們維持快樂與健康；
- 朋友不在數量多寡，而在關係深淺；
- 良好關係不只對身體有正面影響，也保護大腦功能。

即使人際相處有時可以令人煩惱，在日常生活中，與家人、朋友、伴侶在一起非常快樂的時間也比獨處多，而與他人一起時，非常不快樂的時間也比獨處時少 (Diener & Seligman, 2002)。社會支持是面對個人壓力所造成負面影響的緩衝，與我們的健康有着緊密的連接 (Peterson, 2006)，與人保持良好聯繫的人，會激發更多無私的助人和親社會行為。可見保持良好的人際不只是「利己」，更對整個社會和諧有正面幫助。

🍃 職場遇到麻煩人？理解一下麻煩人的心理

良朋好友大都是個人選擇而交往的，可是在職場上的人際，就未必是隨心所欲的選擇，除家庭以外，同事往往是我們接觸最多的人，遇上職場人際煩惱，心情和工作效能或多或少受到影響。除了個案的分享，筆者留意到在網上討論區有網民分享自己返工時遇到不同的人際挑戰與煩惱，有網民指自己工作十幾年，但沒有一份工做得長，很多時因為人事問題弄得不愉快，覺得「自己唔識做人，唔識攪關係，成日都俾人蝦」，最後往往因無法解決這些困難而辭職，內心很矛盾，認為這種重複和持續的人際問題不解決，自己還是會繼續在人際上受挫。

溝通的原意是分享或者建立共同性，是訊息傳遞和相互了解的過程，溝通可以是積極的、具建設性的；也可以是消極的、具破壞性的。一個人溝通的方式往往受性格、情緒、說話習慣、

環境和心理等因素所影響，在日常生活或者工作層面，當我們需要共同協作，就需要有效的溝通技巧去接收他人的訊息，同時把自己的意見與想法順利傳送。人際溝通除了表達字面或言語的意思，有更多的是情感和內在需要。過程中，假若雙方的想法、目標、利益不一致，很容易會構成人際衝突與困擾。

● **例子**：

職場上，如果遇上一個好上司，循循善誘引導你、鼓勵你、欣賞你的付出，這樣當然理想不過，但當遇到要求高，事事刁難的上司，我們又應該如何處理呢？

首先，要分析一下挑剔、經常表達不滿，以及要求很高的人，他們內心有甚麼需要和表達甚麼想法。不少人聽到上司批評自己，大腦自然浮現出許多反駁的說話，內心委屈，深深不忿，甚至會因而有意無意的產生某些抗拒行為，例如拖延工作，又或頂撞上司等。其實，一個人如果對自己和其他人有很高的要求，又或對他人工作方式諸多挑剔的話，很有可能是源自內心需要高度的控制感，渴望下屬或同事按照自己的想法，甚至每一個步驟去完成任務。假若任務中某一個步驟或細節他們不能清楚理解，就會衍生出巨大的不安全感，容易引發焦慮。又或者某上司，不自覺地「擺出一個上司款」，內心渴求這一種階級上的優越感，亦是一種對自我身份的認同，從而讓自己覺得有信心掌控公司的流程運作。

很少稱讚下屬又肆意批評的上司，讓我們在職場上飽受壓力。但當了解這一類上司的內心需要時，或許會明白，若果我們持續運用不協作的態度，或者對抗指令，結果將會是更容易令他們感到安全感受到威脅和下屬難以駕馭，從而增加對下屬的控制，變成對抗的關係和惡性循環。因此，在面對這一類同事或上司時，我們可以清楚表達工作的內容，在做甚麼，以及會怎樣執行，嘗試明確按照雙方所協商的溝通方式去執行細節，讓上司掌握我們的工作習慣和能力，以增加其安全感，久而久之，減少對我們的挑剔與控制。

🍃 人際衝突管理 良好溝通最重要

良好的衝突管理可以改善及提升人際關係，反之，不合適的衝突管理模式會惡化與他人的溝通，令誤會加深。衝突大部分的起因源於以下幾點：

- **資源缺乏**：良好的資源往往引來競爭，大至國家與國家之間的戰爭，小至搶購新款聯乘手錶，都是資源帶來的衝突。又如，在工作層面作為員工要博取表現突出自己，同事之間的競爭就明顯地針對實質，如提升薪金，或者是無形，如老闆讚許等獎賞。
- **報復性心理**：或許在之前的溝通中，其他人對我們有所虧欠或讓我們感到不愉快，因而在之後的相處中，很容易因

為捍衛自尊感而產生一種報復的心理，如陷入針鋒相對、斤斤計較的局面。

- **誤會和不良溝通**：表達或者溝通不清晰，令對方誤解，例如學生 A 說會晚一點完成功課，而同組的組員卻一直以為是當日的晚一點，故一直等學生 A 到深夜，愈想愈生氣，認為學生 A 不守信用。

- **價值觀不一**：每個人的成長、經歷、認知、感受與信念都不盡相同，因而影響對事物的態度、處事方式或行為回饋，價值觀和共同目標不相容，各持己見就會造成衝突。

● 衝突帶來正面意義

衝突看似是負面，但也並非絕對，衝突的價值和正面意義包括：發現問題、在協商和討論的過程當中激發創造力、釐清問題從而提升規劃與決策品質、引導思考為達到目標一致而導致可行的改變、增加各方的相互了解等。衝突亦可能有一些負面的影響，比如：溝通不良和無法解決的衝突可以深化問題、製造仇視與對立、影響工作效率和人際感情、構成心理壓力等。

遇上衝突，有些人會「輸人唔輸陣」毫不讓步，有些人則認為「退一步海闊天空」凡事忍讓，也有些人崇尚公平「有咩唔掂傾掂佢」。每一個人都有慣常應用的衝突處理模式，美國行為科學家 K. Thomas 和同事 Kilman (1974) 提出一

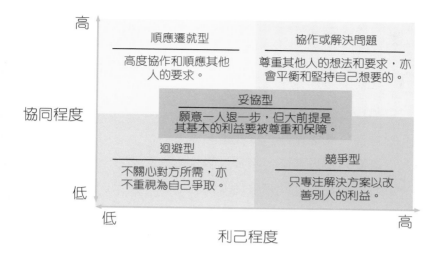

種兩維模式 (TKI Conflict Model)，以溝通者內在的意向為基礎，呈現五種衝突處理策略，包括遷就 (Accommodating Style)、迴避 (Avoiding Style)、競爭 (Competing Style)、協作 (Collaborating Style)、和妥協 (Compromising Style)。

也許每個人都會有慣性的衝突管理策略，又或當我們面對某些關係的衝突對象時，就不自覺地跌入某種策略的模式，如與伴侶時會是順應遷就型，與父母時是迴避型。事實上，五種模式並沒有一種可以完美地解決所有衝突，在不同關係、情景、時間限制和最終利益等因素的影響下，以靈活的策略才能有效解決人際衝突。不論是個人還是身邊的人之精神健康，增加家庭、社交和工作環境的和諧與幸福感至為重要。

心理學家人際溝通 ④ 步曲

① 正向思維　積極主動

和自己建立正向關係，才有能力成為更好的溝通者。一個自我概念良好和自我認同感高的人，傾向喜歡自己也喜歡和別人交流，明白每個人的信念、想法和選擇很多時不一樣，可以尊重別人的表達同時保障自己的權益。相反，一個自尊感低、經常自我懷疑，甚至認為自己不值得被重視的人，則會在與人相處的過程中充滿挑戰。人際關係是與自我關係的延伸，溝通時以正向思維，認知自己的情緒，了解對方語言以外的內心需求，適當地回應和反饋。主動聯繫、釋出善意、展示關懷，尤其在網絡主導的世代，人與人之間更需要親切真摯的關懷。

② 三文治溝通法（適合給建議）

能常常善言美語當然很好，但在溝通過程中必然會遇到要提建議，甚至批評的地方，這個時候就可應用「三文治溝通法」。三文治溝通法的應用是指內容分上、中、下三層，像個三文治般。

- **第一層**：先表示正面回饋，指出接收者良好動機或做得好的部分。
- **中間一層**：說出接收者可以調整或進步的地方。
- **最後一層**：加上鼓勵，形容接收者改變後可以達到的果效。

例子：Stephen 的上司在看到他的調查報告後發現欠缺某些內容，但看得出 Stephen 有用心做過資料整理，因此上司叫 Stephen 到其房間，並說：「Stephen，**（第一層）**我睇得出你有花心機去做搜集和整理呢份調查報告，其實你內容格式好清楚同正確。**（第二層）**不過我哋嘅調查報告一定要仔細列出當時人投訴的對話，因為係重要嘅根據，份報告呢方面就暫時只係簡單描述咗幾句。**（第三層）**如果你加返啲對話文字版落去，相信呢份調查報告一定會更好，以後都用呢個方式就可以㗎喇。」

這樣的鋪排可減少接受者一開始聽到建議或批評便自我防衛，以為自己徒勞無功。上司先肯定和表達理解 Stephen 的努力，讓其知道自己行為的價值，在給予評語時指出可以改善的地方，令他較容易接受，最後正面的鼓勵是展示對 Stpehen 的信任，協助他思考如何改變，從而增加動機。

③ 反思和練習衝突管理技巧

在認識不同的衝突管理模式後，覺察自己在不同場景所運用的模式，擺脫一成不變的衝突處理手法，學習不同的模式並能在合適的時候切換運用。遇上衝突時：

- 了解衝突的本質（例如：資源缺乏、報復性心理、誤會和不良溝通或是價值觀不一？）
- 積極溝通，耐心聆聽和了解對方立場、目標和需求。
- 分析大家有否共同一致的立場、目標和需求，思考如何可以建立共同處理衝突的方案。
- 根據場景、時間、關係、衝突內容的重要性等因素，去選擇一個最為合適的衝突管理模式。
- 若果是較長時間的衝突，或者會因有階段性不同的策略應用。

④ 感恩的心

人際溝通中，若果只把焦點放在別人的缺點上，我們不會感到快樂。正向心理的研究指出，感恩、寬恕、利他行為和冥想等練習皆可提升我們的幸福感（方婷等，2021）。Emmons 和 McCullough (2003) 的研究把參加者分為三組，分別是感恩組（思想感恩的事情）、困擾

組（思想困擾的事情）和中立組（不想任何事情），邀請他們寫日記。結果發現，在 10 星期後，感恩組的快樂程度比其他組別高出 25%，與那些在日記中記錄中性事件或負面事件的人相比，每週記錄感恩事件的人明顯有：

- 更好的身體鍛煉量
- 對未來一週的到來更樂觀
- 對生活感覺更良好

因此，要提升人際關係的滿足感，不妨做以下的練習：

- 每天記錄 3 件好事，寫下這件感恩的事是怎樣發生的？你所感恩的是誰？有機會時你會如何同樣地執行善行？
- 在別人背後多說善言，和表達謝意。
- 多閱讀和分享感恩的故事。
- 寫一封感恩的信，給幫助過你（可以是實際或心靈上），而你沒有好好感謝過的人。

參考資料

- Cacioppo, J. T., & Cacioppo, S. (2014). Social Relationships and Health: The Toxic Effects of Perceived Social Isolation. *Social and Personality Psychology Compass*, 8(2), 58-72.

  DOI:10.1111/spc3.12087

- Cacioppo, J. T., & Hawkley, L. C. (2009). Perceived Social Isolation and Cognition. *Trends in Cognitive Sciences*, 13(10), 447-454.

  DOI:10.1016/j.tics.2009.06.005

- Diener, E. and M. Seligman. (2002). Very Happy People. *Psychological Science* 13: 81 - 84.

  DOI:10.1111/1467-9280.00415

- Emmons, R. A., & McCullough, M.E., & Tsang, J. (2003). *The Assessment of Gratitude*. Oxford University Press.

- McPherson, M., Smith-Lovin, L., & Brashears, M. E. (2006). Social Isolation in America: Changes in Core Discussion Networks over Two Decades. *American Sociological Review*, 71(3), 353-375.

  DOI:10.1177/000312240607100301

- Murthy, V. (2017). Emotional Intelligence: *Work and the Loneliness Epidemic*. Harvard Business Review, September 26, 2017. Retrieve from:

  https://hbr.org/2017/09/work-and-the-loneliness-epidemic

- Peterson, C. (2006). *A Primer in Positive Psychology*. Oxford University Press.

- Seligman, M. E. P. (2011). *Flourish: A Visionary New Understanding of Happiness and Well-being*. Free Press.

- Waldinger, R. (2015, November). *What makes a good life? Lessons from the longest study on happiness*. [Video]. TED Conferences. https://www.ted.com/talks/robert_waldinger_what_makes_a_good_

life_lessons_from_the_longest_study_on_happiness

- Thomas, K. W., & Kilmann, R. H. (1974) *Thomas-Kilmann conflict MODE instrument*. New York: XICOM, Tuxedo.

- 方婷、劉麗珊、關海寧（2021），《正是有選擇：正向心理應用手冊》，香港青年協會出版。

- 陳佩華（監製）、王家衛（導演）（1994），〈重慶森林〉［DVD 影片］，香港：澤東製作有限公司。

3.3

核心的外圍與內圍——
社區管理與生活息息相關

2022 年的世界，俄烏戰亂、全球持續大流行的疫情、出入境限制、飛機失事、地震、核危機，在歷史書上讀過的「大事」竟在眼前一一經歷。在第五波疫情衝擊下，不論是香港的防疫政策、醫療、經濟、人民性命、精神健康，都受到巨大的壓力。外在環境和社會生態，以至社區管理與大眾生活息息相關，即使是流行文化和娛樂，也影響着個人的生活形態與健康發展。

人類是天生的社交動物，有進化心理學家指出，人類和靈長類動物的大腦比例相比於其他動物大，是為了應付社會上複雜的人際關係，因此我們先天的特性，就是需要社交。自出娘胎，我們便在社會中學習各式規條與適應環境的不斷變遷。地區與環境給予我們歸屬感和身份認同感，隨着每一個世代 (Cohort) 的政治、經濟、社會文化、科技、流行文化、環境氣候的發展而衍生出獨特的特性。

人如何受環境影響？

人類的成長受不同大小，遠近卻又環環相扣的因素所影響。生態系統理論 (Ecological Systems Theory) 改變了以往學者對個人的問題所進行的評估方式，關注發展中的個人、環境，特別是兩者間所引發的互動。生態系統理論把社會分成四個系統：微系統 (Microsystem)、中系統 (Mesosystem)、外系統 (Exosystem)、宏系統 (Macrosystem) 和時間系統 (Chronosystem)，當中最重要的是宏系統（包括社會、文化、價值觀等較高層次的元素）它影響着各系統，並造成整個生態系統 (Bronfenbrenner, 1979)。

✦ 社會生態系統理論
(Bronfenbrenner, 2001)

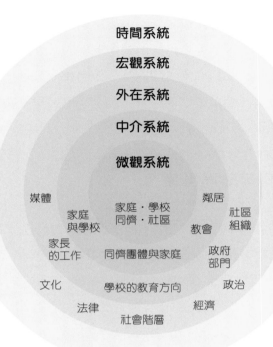

時間系統

宏觀系統

外在系統

中介系統

微觀系統

媒體　　　　　　　　　　　　鄰居
　　　家庭　　　家庭・學校　　　　社區
　　　與學校　　同儕・社區　　教會　組織
　　家長
　　的工作　　同儕團體與家庭　　政府
　　　　　　　　　　　　　　　部門
　文化　　　　學校的教育方向　　　政治
　　　法律　　　　　　　　經濟
　　　　　　社會階層

這五個層次分別是：

1. **微系統 (Microsystem)**：指個體在場境中直接接觸和經驗到的活動、身份角色和人際關係，如兒童和父母的關係。

2. **中系統 (Mesosystem)**：中系統包含兩個或兩個以上的場境之間的互動關係，如家庭與學校、社區的關係。

3. **外系統 (Exosystem)**：指一個或一個以上個體未直接牽涉

其中的場境，但是在其中發生的事件卻會影響個體或被個體所影響，如父親加薪，給兒童的休閒和興趣班更多選擇。

4. **宏系統 (Macrosystem)**：宏系統是指在微系統、中系統與外系統中形式與內涵上一致的部分，是整個社會文化的信念系統 (Belief Systems) 和意識形態 (Ideology)，包括法律、政治、流行文化等，如近年流行在家長間討論「贏在起跑線」，兒童或因而受影響，很早便需要參與培訓班。

5. **時間系統 (Chronosystem)**：把時間作為研究個人在成長中，時間和環境結合的心理變化的參照，如遇上疫情，整個社會及家庭的生活方式改變。

● 環境因素互相緊扣

生態系統理論不只應用於兒童成長，而是在社會中每一個個體，所受到不同層次系統的影響。舉例：Vincent 是一個 32 歲的上班族，在新冠疫情下，他不需要回公司上班，改變了一貫的工作模式（**微系統**）；5 歲的兒子因學校停課，而要在家上網課，因此 Vincent 在白天同樣需要協助和照顧兒子（**外系統**）；Vincent 和妻子有時比較忙碌，Vincent 的姐姐會來幫助照顧小孩（**中系統**）；該區區議員很關注街坊生活，送了數次物資到 Vincent 家（**外系統**），而 Vincent 亦在空餘時間做義工，幫助區議員分派物資；因為不准堂食與跨家庭聚會（**宏系統**），使 Vincent 和妻子每天都要準備三餐。這例子正是不同層次的系統，環環緊扣，在成人時期這個階段對他的影響（**時間系統**）。

人人都是社區中的個體

在社交媒體不時出現一些以地區作為主題的群組，如「油尖旺友」、「大埔友」、「黃大仙友」等，聚焦該地的資訊與新聞，群組載有的不單是生活的片段，更注有我們的情感。社區 (Community) 是人類社會活動的產物，德國社會學家 Ferdinand Tonnies 在 1887 年出版的《社區與社會》一書中將「社區」和「社會」作出區分，社區的基本含意是：由具有共同價值觀念的同質人口所組成的關係密切、守望相助、富於人情味的社會團體（鄭莉君，2014）。

✦ 社區功能

生活服務功能	社區生活支援	社區教育、講座、社區中心服務等
整合功能	對整個社區利益的協調	文娛康樂設施、建設等
保障功能	承擔社會保障的具體事務	養老、醫療、就業支援等
穩定功能	協調各類人之間的關係	社區中的社工服務、區議員服務
價值引導功能	宣傳教育、各類活動	嘉年華、展覽、比賽等

社區心理意識 (Psychological Sense of Community) 是一種與其他人有共同性的知覺，包括在社區中感到情緒安全、有歸屬感、社區的文化和法則而形成的規範與人際信任、社區團體對成員資源和需求整合的公平原則、文化沉澱或精神聯結性。生活支援充足、富有人情味和具保障功能的社區固然讓市民安心，然而某些社區問題卻威脅着個人的身心健康，例如：**居住地區安全問題**：盜竊搶劫、童黨問題等；**修路或建設**：大型及長期施工令道路阻塞，產生廢氣塵埃等；**鄰里糾紛**：鄰居噪音、衛生或氣味問題等。

噪到人都躁！

環境壓力指來自環境中的壓力源，包括噪音、人口稠密、空氣污染、顏色、自然災難、戰爭、光污染等。生活在高度發展而人口密集的社區，人聲、車聲、重型機器聲、鄰居電視聲，甚至半夜街上民眾爭吵聲，也時刻環繞着生活。噪音問題不只令人煩躁，更會對心理健康有所影響。眾所周知，噪音是引導壓力上升的原因之一，長期處於噪音環境，會增加患上不同程度身心疾病的風險。

超過 60 分貝的聲音稱之為噪音，長期處於 70-90 分貝的噪音中，會使集中力降低，心煩意亂，更會增加心血管疾病的風險。刊登於 The Lancet(2014) 學術期刊的研究指出，身處在 100

分貝的環境下 10 分鐘，腎上腺素便會升高，暴露在 70-90 分貝下的噪音環境五年，增加高血壓機率達 2.47 倍，噪音對心理健康的威脅還包括情緒低落、焦躁、失眠和易怒等。

聲音與分貝

聲音是經媒介傳遞的壓力變化，每一秒內壓力變化的次數叫作「頻率」，頻率愈高，聲音的音調愈高，而量度單位是赫茲 (Hz)（香港特別行政區政府環境保護署，2022）。聲音的例子：

- 圖書館 2 米範圍的低語：40 分貝
- 一般辦工室聲音：50-60 分貝
- 在 25 米範圍繁忙的馬路：70 分貝
- 在 25 米範圍大型貨車前進：80 分貝
- 的士高強勁音樂：100 分貝
- 電鋸聲 / 在 10 米範圍的撞擊式打樁：110 分貝

●噪音喚起人的攻擊行為

噪音更有可能催化攻擊行為，假若個體無法預測噪音的水平，會引起較高的喚起 (Arousal)，從而增加攻擊性。測試中，參加者先被安排一些數學問題，然後分配到三個不同場景：無噪音

的環境；95dB 噪音不可預測且不可控制的環境；95dB 噪音不可預測但可以控制的環境。實驗員告訴參加者可以對另一人進行電擊，並可以選擇和控制電擊的強度、持續時間及次數。此外，在進行電擊前，有一半的參加者會被激怒。結果顯示，被激怒的參加者攻擊性比正常情緒的攻擊者高，尤其是當噪音不可預測且不可控制時。然而，當參加者可以控制環境噪音時，噪音則不會增加其攻擊性 (Donnerstein & Wilson, 1976)。

擁擠和高溫也影響心情

香港是世界著名人口稠密的城市，單是摩天高樓的景色就經已多次吸引荷李活電影來取景，不少電影，如〈哥斯拉大戰金剛〉(Godzilla vs. Kong, 2021)、〈高凶浩劫〉(Skycraper, 2018)、〈攻殼機動隊〉(Ghost in the Shell, 2017) 等，均見到熟悉的「石屎森林景」。密密麻麻的大廈和人潮如鯽的街道，代表香港的繁華，但過度密集的人口也對情緒構成威脅。有研究發現，噪音和擁擠會影響人在完成任務時的認知能力，在擁擠環境下的參加者對自己的表現與研究人員的感覺有較多的不滿意 (Nagar & Pandey, 1987)。人口密度高和擠擁生活更會強化情緒，如果個人先前已有一定的情緒，不論是積極還是消極，都會被擁擠的環境所增強，比如看球賽時和其他觀眾一起為支持的球隊歡呼吶喊會更興奮；在忙碌的工作間，要擠上公共交通會令人更煩躁。

● 人際關係隨溫度而起變化

大熱天時個人特別「躁底」，影響人際？是真的！對於 20 世紀 60 年代於美國發生的一系列暴亂事件與天氣的關聯，引起不少學者好奇，認為高溫增加了人的攻擊性。學者 Anderson (2001) 對高溫與攻擊性進行研究，證實高溫可以增加敵意和攻擊行為，且全球暖化很可能增加暴力犯罪率。而針對一個國家不同氣候區域，包括最熱、最冷和中間溫度區域的暴力犯罪率進行比較，發現較熱的地區暴力犯罪率較高。根據英國一份暴力犯罪研究和統計發現，溫度為攝氏 20 度時，暴力犯罪比在攝氏 10 度時要多出 14% (BBC news, 2018)。

除了暴力行為，「天口熱」也減少利他行為。Cunnīngham (1979) 的研究指出，利他行為在夏天隨溫度升高而減低，在冬天則隨溫度的提升而上升。另外，研究 (Byrne, 1965; Byrne & Rhamey 1971; Griffitt, 1970) 發現，環境溫度過高，人會體驗到高溫帶來的不愉快，因而減少人際吸引力。但是，若果和其他人同樣在一個高溫的環境，有着共同的體驗，溫度則不會影響人際的吸引力。

🍃 秩序也影響健康？

社區秩序和個人空間的秩序都與我們的情緒及行為相關。秩序可分有序 (Order) 與無序 (Disorder)，即是「整齊」和「混亂」，它是社會中常見的現象。心理學的研究發現，整齊和混亂的確可以喚起個人的不同心理狀態及影響行為，其中一個最著名的例子就是「破窗理論」(Broken Window Theory)，指出在無序環境下，即使是小至如打碎一塊玻璃窗，都會引致更多、更嚴重的失序現象，因為無序的現象給予想越軌和違法的人一種強烈的暗示性。而鄰里社區的秩序亦與居民的身心社靈健康密不可分，Mirowsky 和 Ross (2003) 的兩個階段模型指出，秩序混亂可能會頻繁地或慢性地激發「戰鬥或逃跑」(Fight-or-Flight) 反應。這種反應頻繁被激發，令人感到恐懼和焦慮，而長期處於緊張狀態下，將令人陷入一種精疲力竭、無力和無助感之中，導致身心水平下降 (Hill, Ross & Angel, 2005)。

✦ 「戰鬥或逃跑」反應

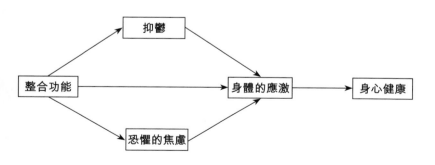

破窗理論 (Wilson & Kelling, 1982)

在某城市內，有一棟建築長年空置。一次，頑皮的孩子不小心打碎了一道玻璃窗。由於無人看管，破損的玻璃窗長期未得到修繕，於是越來越多的玻璃窗被打碎。後來有一天，一些破壞者闖了進去，發現建築物內空無一人，於是，拾荒者偷走了一些有價值的物品、流浪者開始遷來在此定居、縱火犯來放火取樂。最後，原本好好的樓房，只因為一個破窗未能及時修復，而變得破敗不堪。

研究指出，鄰里秩序與個人健康的關係密切，影響包括：壓力、睡眠質量、肥胖、酗酒等問題 (Hill et al., 2005; Casiano & Massey, 2012; Hale, 2013)。個人想要獲得良好的健康狀態，除了自身的照料，生活在一個健康有序的環境亦至關重要。

 心理學家社會及環境相處 3 步曲

1 自律起來，了解環境與個人的關係

外在大環境，如噪音、人口密度、空氣污染、溫度等，大都無法控制，但個人環境和如何回應環境帶來的挑

戰卻是我們可以調適的。不只是社區和環境，每個人的房間都有秩序，整齊的房間不但會令人思路更清晰 (Williams & Bargh, 2008)，更與自控力相關。Peter Walsh 在其著作 Does this clutter make my butt look fat? 一書中調查了數千名住所或辦工室混亂的人後，得出結論：**混亂無序的房間和生活環境會讓人體重攀升，而當人擺脫了這種混亂，體重就會下降**。混亂的空間和肥胖並非「一日之寒」，兩者的共通點皆是欠自律和控制。

❷ 增加社區連結，建立歸屬感

構建緊密的社會支持網絡對個人身心社靈的發展有極為重要的幫助，支持網絡除了家人、朋友、同事，友善的鄰里關係亦是個人安全感與歸屬感的延伸。貢獻和凝聚社會，可透過幫助鄰里、參與義務工作、熱心社會政策及興建等來實踐。早上和鄰居、保安說早晨、參加社區舉辦的展覽和講座、了解居住地的歷史、保持環境設施清潔，即使是日常對社區鄰里投注的關懷，都會讓我們在團體中得到價值感和意義感，鞏固團體規範。

❸ 做個健康社區促進者

學者李本森 (2010) 認為社會秩序是社會發展的重要基礎，反社會性、混亂、具威脅性的環境容易誘發其他犯

罪和消極的社會問題出現。作為社會的一份子，每個人都有義務去促進社會健全發展，能避免混亂的社區環境，也就可以減少導致不健康的潛在因素，個人可協助促進社區的健康，包括日常遵守法律，減低噪音製造，不亂拋垃圾，匯報失序的情況等。

參考資料

- Anderson, C. A. (2001). Heat and Violence. *Current Directions in Psychological Science*, 10(1), 33-38. DOI:10.1111/1467-8721.00109

- Basner, M., Babisch, W., Davis, A., Brink, M., Clarkm C.,Janssen, S., Stansfeld, S. (2014). Auditory and Non-auditory Effects of Notise on Health. *The Lancet*. Vol. 383, Issue 9925, P. 1325-1332. DOI:10.1016/S0140-6736(13)61613-X

- BBC news. (2018). Heatwave: Is there more crime in hot weather? July, 2018. Retrieved from: https://www.bbc.com/news/uk-44821796

- Bronfenbrenner, U. (1977). *Toward an experimental ecology of human development. American Psychologist*, 32(7), 513.

- Bronfenbrenner, U. (1995). *Developmental Ecology Through Space and Time: A Future Perspective*. In, P. Moen, G. H. Elder, Jr., & K. Lüscher (Eds.), *Examining Lives In Context: Perspectives on the Ecology of Human Development* (pp. 619-647). American Psychological Association. DOI:10.1037/10176-018

- Byrne, D. The Attraction Paradigm. New York: *Academic Press,* 1971.

- Byrne, D., & Rhamey, R. Magnitude of positive and negative reinforcements as a determinant of attraction. *Journal of Personality & Social Psychology*, 1965, 2,884-889.

- Casciano, R., & Massey, D. S. (2012). Neighborhood disorder and anxiety symptoms: New evidence from a quasi-experimental study. *Health & Place*, 18(2), 180-190.

- Cunningham, M. R. (1979). Weather, mood, and helping behavior: Quasi experiments with the sunshine samaritan. *Journal of Personality and Social Psychology*, 37(11), 1947-1956. DOI:10.1037/0022-3514.37.11.1947

- Donnerstein, E., & Wilson, D. W. (1976). Effects of noise and perceived control on ongoing and subsequent aggressive behavior. *Journal of Personality and Social Psychology*, 34(5), 774-781.DOI:10.1037/0022-3514.34.5.774

- Griffitt, W. Environmental effects on interpersonal affective behavior: Ambient effective temperature and attraction. *Journal of Personality & Social Psychology*, 1970, 15, 240-244.

- Hale, L., Hill, T.D., Friedman, E., Nieto, F. J., Galvao, L. W., Engelman, C. D., & Peppard, P. E. (2013). Perceived Neighborhood Quality, Sleep Quality, and Health Status: Evidence from the Survey of the Health of Wisconsin. *Social Science & Medicine*, 79, 16-22.

- Hill, T. D., Ross, C. E., & Angel, R. J. (2005). Neighborhood disorder, psychophysiological distress, and health. *Journal of Health and Social Behavior*, 46(2), 170-186.

- Mirowsky, J., & Ross, C. E. (2003). *Social Causes of Psychological Distress*. Transaction Publishers.

- Nagar, D. and Pandey, J. (1987), Affect and Performance on Cognitive Task as a Function of Crowding and Noise. *Journal of Applied Social Psychology*, 17: 147-157.

  DOI:10.1111/j.1559-1816.1987.tb00306.x

- Shaffer, D, R. (2002). *Developmental Psychology: Childhood and Adolescence*, Belmont, CA: Wadsworth Thomson Learning, p.60

- Tönnies, F. (1957). *Community & society (Gemeinschaft und*

第三章：社

Gesellschaft). Transaction Publishers.

- Walsh, P. (2008). *Does this clutter make my butt look fat? An easy plan for losing weight and living more*. Free Press.

- Williams, L. E., & Bargh, J. A. (2008). Keeping one's distance the influence of spatial distance cues on affect and evaluation. *Psychological Science*, 19(3), 302-308.

- Wilson, J. & Kelling, G. (1982). Broken window thesis. Oxford Reference. Retrieved: https://www.oxfordreference.com/view/10.1093/oi/authority.20110803095529130

- 李本森（2010），〈破窗理論與美國的犯罪控制〉，《中國社會科學》，(5)，154-164。

- 香港特別行政區政府環境保護署（2022），〈聲音的特性和分貝標度〉，網址：https://www.epd.gov.hk/epd/noise_education/web/CHI_EPD_HTML/m1/intro_5.html

- 鄭莉君（主編），（2014），《健康心理學》，中國人民大學出版社。

第四章 靈

人生的意義是甚麼？——
不斷去尋找和賦予自己意義

人生的沉淪，是把每一天過成同一天。當熟悉和習慣了重複，便日漸失去了改變的勇氣，卻又抱怨着人生的苦悶。靈性於人類的心智和良知中叢生，屬於觀念、信念、價值、倫理、人生意義的範疇，每個思想、行動、選擇，都在構建生命的經歷，我們可以從不同的學者中了解靈性，但實踐意義，卻需要憑藉自己不斷的摸索與感知。

離苦得樂乃人之所求，苦難的形式可以是千變萬化，有些人失去所愛的人，失去對將來的期望；有些人罹患慢性病，身心痛楚難耐；有些人每天為糊口疲於奔命，不知道人生是為何。筆者從事心理行業超過十年，剛開始對心理學萌生興趣，是源於被電影中不同的心理障礙所吸引，並醉心研究「異常心理學」(Abnormal Psychology) 中各種心理問題；順利成章，當正式成為心理學家後，發現大部分在治療室出現的，亦是官方統計最常見的情緒病：廣泛焦慮症與抑鬱症。

當中其實有一個共通點，就是許多人生的困擾，就是無法踏實地好好和當下的自己相處，無法找到意義。因此，處理症狀外，更核心的探索，是每個人心靈層次的需求。

🍃 人生目標？食得、瞓得、開心就是目標？

靈性 (Spirituality) 除了包含信仰、信念、道德和價值，也帶有平安、寬恕、慈惠和提升自己的意義，透過個人與他人、大自然、宗教信仰的互動，獲得實現自我的成就感，達至內在和諧的狀態 (Cartanzaro & MM, 2001)。在基督教中，靈修可透過如閱讀《聖經》、神學訓練和祈禱等來深化屬靈的生命，加深與天主、神、上帝的連結。而中文辭典對「靈」的傳譯包含了宗教與人性上的用詞，比如神靈、萬物之靈、靈魂等，儒道佛

各家對靈魂和靈性皆有其一套解説,也有提升靈性的不同方法。東西方對「靈性」有着截然不同的見解,而在整全健康 (Holistic Health) 身心社靈四個維度中,靈性健康似乎扮演着一個「很難理解」和易於被「放埋一邊先」的角色。然而,靈性健康其實默默地協調我們的身體、心理和社交健康,內心感到安穩實在、有目的和動力執行信念、誠心寬恕和憐憫他人,這些都給予我們強大的力量去實踐人生的意義。即使沒有宗教信仰,我們也可與他人和大自然保持良好的溝通和感到人生意義非凡,靈性的生活都可以是滿足的。

以下「靈性健康量表(簡易版)」,可透過自測了解自己當下的靈性健康:

你有多同意以下題目能準確地描述你的情況?請根據你的個人經驗,並在相應的數字打圈。答案沒有對錯之分,請按照你的直接感受回答。(1)代表你(非常不同意);(5)代表你(非常同意)。

靈性健康量表（簡易版）

題目	非常不同意	不同意	沒有同意 / 不同意	同意	非常同意
1 我有可以談心的家人。	1	2	3	4	5
2 我喜歡幫助家人解決問題。	1	2	3	4	5
3 當我有困難時，我常可以獲得家人的幫助。	1	2	3	4	5
4 我可以與大部分家人相處得很好。	1	2	3	4	5
5 我會思考如何讓生活過得充實。	1	2	3	4	5
6 我會思考自己人生的長遠目標是甚麼。	1	2	3	4	5
7 我會盡力讓自己的生活過得有意義。	1	2	3	4	5
8 我會規劃自己的生涯。	1	2	3	4	5
9 我會盡量扮演好人生的角色。	1	2	3	4	5
10 我會努力完成自己人生長遠的目標。	1	2	3	4	5
11 我會把挫折認為是一種考驗。	1	2	3	4	5
12 當遭遇挫折時，我能坦然面對，不驚不懼。	1	2	3	4	5
13 幫我遭遇挫折時，相信自己有自我療傷的能力。	1	2	3	4	5

題目	非常不同意	不同意	沒有同意 / 不同意	同意	非常同意
14	我經常用積極樂觀的態度去面對生活中的挫折。	1	2	3	4	5
15	即使在受挫時，我仍相信人生是美好的。	1	2	3	4	5
16	我可以從挫折中體驗到自己的能力。	1	2	3	4	5
17	我希望得到神（例如：上帝、老天爺、神明、佛祖、菩薩等）的庇祐。	1	2	3	4	5
18	我相信宗教或信仰可以幫助自己渡過難關。	1	2	3	4	5
19	宗教活動（例如：祈禱、求神問卜、拜神等）常給我很大的幫助。	1	2	3	4	5
20	我相信有神（例如：上帝、老天爺、神明、佛祖、菩薩等）的保佑，使我心安。	1	2	3	4	5
21	我能夠欣賞自己的優點。	1	2	3	4	5
22	我能夠接受自己的缺點。	1	2	3	4	5
23	我喜歡自己。	1	2	3	4	5
24	我認為自己是有價值的人。	1	2	3	4	5

資料來源：Hsiao, Y. C., Chiang, Y. C., Lee, H. C., & Han, C. Y. (2013). Psychometric testing of the properties of the spiritual health scale short form. *Journal of Clinical Nursing*, 22(21-22), 2981—2990. https://doi.org/10.1111/jocn.12410)

計分表

	個人締造		活出意義		超越逆境		宗教寄託		明己心性	
	題目	分數	題目	分數	題目	分數	題目	分數	題目	分數
	1		5		11		17		21	
	2		6		12		18		22	
	3		7		13		19		23	
	4		8		14		20		24	
			9		15					
			10		16					
個別因素得分	A =＿＿＿		B =＿＿＿		C =＿＿＿		D =＿＿＿		E =＿＿＿	
平均分	＿ / 20 =＿		＿ / 30 =＿		＿ / 30 =＿		＿ / 20 =＿		＿ / 20 =＿	
總分	A + B + C + D + E = ＿＿＿＿＿＿									

* 你的總分介乎哪個範圍？分數愈高，代表靈性方面愈健康。

總分

97-120	高分	擁有高度靈性的生活，繼續享受豐盛人生，多予人分享。
73-96	中等	擁有健康的靈性生活，保持並提升自己靈性健康。
49-72	稍低	多思考、參與和關注靈性健康，訂立並執行靈性目標。
24-48	低分	多關懷自己，反思和學習靈性健康，訂立並執行靈性目標。

* 注意，此量表乃自測性質，並非診斷，分數亦會隨身心社靈健康狀況改變而有所改變。

● Telos 危機

Telos 意指「目標」、「目的」、「完善」，Telos 危機就是身處其中的人並不明白自身的目的。在講求高效率和快捷的社會，多少人每天營營役役，為生存而忘卻了生活，不知為何而奮鬥，就算有些微挫折都苦不堪言，甚至「懷疑人生」。對於思考着如何從觀念、信念、價值及倫理中找到意義的人來説，大部分都經已走過一段潛移默化下的萎靡不振，然後為擺脱這種虛無而踏上改變。另外有一部分，即使意識到自己的痛苦，卻無法洞悉自己真正要甚麼，厭倦眼前的生活，卻又無力逃離，只繼續蹣跚前行。

✦ 馬斯洛需求層次理論

超自我實現

自我實現

美感需求

認知需求

尊重感需求

愛和歸屬感需求

安全感需求

生理需求

研究人類需求的心理學家馬斯洛提出一個廣泛被引用的「需求層次理論」(Hierarchy of Needs)，指出人有自我實現的傾向，在滿足基礎的生理需求後，會進而提升到安全感需求、愛和歸屬感需求、尊重感需求、認知需求、美感需求，到最後實踐自我實現的需求。最底層上的游動機是擺脫不足，如沒有食物便會死亡；沒有安住之所亦會對生命構成危險。而較高層次的上游動力則是積極昇華的傾向。

●「逃避性思維」令人苦不堪言

北島在《波蘭來客》中寫道：「那時我們有夢，關於文學，關於愛情，關於穿越世界的旅行。如今我們深夜飲酒，杯子碰到一起，都是夢破碎的聲音。」現實生活中各種困阻、磨難，以及挑戰，令人感到身心疲勞；在滿足基本溫飽，有個安身之所，有三、兩個知己，工作達至些許成就，然後呢？就沒有「然後」了。

曾經有個案分享道：「從小到大我都渴望事事完美，從小時候開始，每一個比賽都渴望有出色和卓越的表現，長大後也會以自己被認同、被推崇和被表揚為榮。我知道這樣很累。我以為這種完美主義是我痛苦的來源，後來我發現，並不是這種完美主義令我痛苦，而是我沒有意識到，我其實有權選擇放棄完美主義，執着於自己的執着而痛苦。」

「假若沒有了這種執着，你覺得自己會怎樣？」我問。

「一想到這個問題，其實我更恐懼。」個案回答。

的確，熟悉的心理與生活模式，即使令人萎靡，也同樣令人有安全感。為了比別人優秀而拼命奮鬥，然後在高峰裏，驀然回首，才發現有些失去的比得到的更為重要，因而重新衡量價值與信念。社會不斷鼓吹成就，有部分人在主流的價值觀下默默追隨着「成功」，這類人的工作動力正是為了避免自己陷入失敗者的角色，即使在別人眼中已經很成功，卻活得很累。小時候拼了命讀書為着升上好學校，投身職場力爭上游、有了自己家庭就為小孩忙東忙西，大半輩子一直衝。害怕讓自己靜下來，未能切實享受和感恩自己所擁有的，在展示出活力滿滿的表面下，載滿焦慮與擔心。

陷進這種輪迴的思維是：「我要返工，如果唔係我就冇錢交租；我今日要完成手頭上嘅工作，如果唔係就會積累好多嘢做唔晒；我要好好讀書，如果唔係將來就好可能搵唔到嘢做，第時生活好艱難。」這一種思維模式，我稱之為「逃避性思維」，意指我們生活的目標就是逃避負面、或者不愉快的結局。

你是追求生活，還是被生活拖着走？

心理學上面有 Approach-avoidance 的概念，Avoidance 是避免的取向，所付出的努力是為免失敗和苦難而去完成責任，這樣的狀態下很容易呈現出倦怠，得過且過，面對生活的時候欠缺自發性目標、將焦點放在一些困難以及麻煩、對壓力的承受能力亦都更加低。對於生活、工作、關係感到耗損心神，騰不出空間來顧及自己的靈性發展，更無力追求更高的道德、價值、信念提升。

而 Approach 則是一個積極的取向，當中的心態是因為想提升自己，追求更好，享受並為進步而努力。即使遇上困難與挫折，以積極取向去生活的人，更加願意為自己的選擇負責，願意投入去思考面前的工作怎樣做才可以更好、願意在一段關係裏積極去關注對方的情緒、對人生更加有熱情，更加有主動性，同時亦加倍熱愛自己和珍惜人生，這種心態給予我們良好的基礎去推動自己邁向更高的自我實現。

真實的快樂，存在嗎？

歷來不少學者哲人欲定義和剖開快樂幸福的秘密，對快樂最直接的解說是經常的正面情緒加上高度生活滿足感。這個解釋的

快樂可稱為「主觀的幸福感」(Subjective Well-being)，是當事人的主觀判斷。然而，這個定義明顯有不足之處，主觀的快樂不完全代表活得美好和幸福 (Enjoying Well-being or a Life Well-lived)，活得美好和幸福不應依靠主觀愉快的感覺，更應包含價值和意義等重要元素。Seligman 在他的著作《真實的快樂》(Authentic Happiness) 中指出，主觀的快樂經驗起碼可分為兩大類：

- **第一類快樂——歡樂 (Pleasure)**：直接官能感覺中攝取，例如享受美味食品，影視娛樂、運動刺激等。這種快樂通常不需要我們付出太大努力就能獲取，但不能長久，當活動完了，那種愉快感覺很快就消失。
- **第二類快樂——滿足感 (Gratification)**：滿足感代表你有意識地付出，為所定的目標努力，在付出的過程中或達標時所獲取的愉快滿足感覺，就是 Seligman 所稱「內心的喜悅」（方婷等，2021）。正向心理學的定義中，意義是找到個人的歸屬感，這個東西或這個活動給個人帶來超越它本身的價值。若個人要獲得幸福快樂，就必須透過有意識的追求生活有意義和有價值；因此持續無止盡的追求歡樂，並不能代表活得美好，也窒礙靈性的提升。

心理學家促進靈性與自我修行 ④ 步曲

① 覺察內心平和

亞里士多德名言："Happiness is a life lived according to virtue"，快樂是根據美德生活，並非一時半刻短暫的愉快，而是以整個生命去計算。學習辨別世間的價值觀、社會建構的成功、外在的物質追求和自己真正的需要，不隨波逐流，確立屬於自己的人生價值，花適當的時間與自己相處，關懷內心世界，找尋並享受讓自己內心平靜的活動，例如冥想、閱讀、欣賞或參與藝術創作。

② 找到自己的熱情 把優勢投入工作

能在職業中發揮優勢令人更加愉快，人生更有意義。位於全球勞動力幸福指數（2016）第一的丹麥人指出，70% 的人同意或非常同意「即使無人工，都願意繼續返工」，原因是他們都根據自己的興趣和所長而工作。2016 年 Lavy 和 Littman-Ovadia 的研究指出，在工作上愈是能發揮優勢，愈是會感到積極的情緒，滿意度和工作的效率亦隨之而增加。利用個人優勢和積極的經驗，使工作更有可能被視為「召命」(Calling)，人生更具意義感。

③ 與大自然的連結：森林浴 (Shinrin Yoku)

敬畏、尊重，與各種生命和諧相處可培養慈愛，投入大自然的擁抱更能使人充滿能量。森林浴來自日本的名詞，意思是讓自己沐浴在森林的氣氛中，放慢步伐，喚醒五感，與大自然連結。有別於行山和遠足，森林浴是一個放慢腳步和自我療癒的過程，除了減壓和放鬆身心，還有研究指，「生態療法」(Ecotherapy) 能培養創造力和提高生活質量 (Ruth, et al., 2012)。

感受森林浴可以從有經驗的嚮導帶領下開始，亦可以自行嘗試感受：

1. 先物色一個安全和合適的地點進行練習。森林、郊野公園、園林和綠野都可以。
2. 盡量讓自己遠離任何干擾，放下手機或其他電子產品。
3. 放慢腳步，眼看、耳聽、鼻呼吸、皮膚感受，專注在當下，覺察四周。
4. 不加以批判，不過多分析，覺察並聚焦於感受觸摸樹木，撿起落下的樹葉或在大自然行走時的感覺。
5. 找一個舒適的地方坐下，靜靜閉目，輕輕呼吸，聆聽四周不同的聲音，感受萬物的存在。

④ 參與並投入義工及宗教服務

聽過一個比喻：一隻小狗，問其他快樂的小狗甚麼才是快樂，甚麼才是人生的意義；快樂的小狗告訴牠，快樂和意義就像你身後的尾巴，當你執着於追尋，只會原地踏步。當你找到自己的道路一直向前走，快樂和意義就會一直跟隨你。有些意義是從深切的思考和有意識地執行某些目標後而體現，有些卻是在我們堅持做有價值和熱愛的事後，回首再看才能發現和感覺到。把時間投入在義工服務，除行善積德亦可助人自助。若果有宗教信仰，亦可藉着參與宗教活動來培養靈性。

療癒之書──身心社靈健康手冊

參考資料

- Brooks, D. (2019). *The Second Mountain: The Quest for a Moral Life*. Penguin Random House LLC.

- Catanzaro, A. M. & MM, K. A. (2001). Increasing nursing students' spiritual sensitivity. *Nurse Educator*, 26(5), 221-223.

- Health Matters (2022)，〈香港森林浴：讓你生活得更健康快樂〉，

  網　址：https://www.healthymatters.com.hk/zh/why-you-should-never-use-cotton-buds-to-clean-your-earwax/

- Hsiao, Y. C., Chiang, Y. C., Lee, H. C., & Han, C. Y. (2013). Psychometric testing of the properties of the spiritual health scale short form. *Journal of Clinical Nursing*, 22(21-22), 2981-2990.

  DOI:10.1111/jocn.12410

- Lavy S, Littman-Ovadia H. My Better Self: Using Strengths at Work and Work Productivity, Organizational Citizenship Behavior, and Satisfaction. *Journal of Career Development*. 2017;44(2):95-109.

  DOI:10.1177/0894845316634056

- Ruth,A, A., & Strayer, D. L. & Atchley, P. (2012). Creativity in the Wild: Improving Creative Reasoning Through Immersion in Natural Settings. PloS one. 7. e51474. 10.1371/journal.pone.0051474.

- 方婷、劉麗珊、關海寧（2021），《正是有選擇：正向心理應用手冊》，香港青年協會出版。

- 雅麗氏何妙齡那打素慈善基金會（2017），《靈性健康與我》、《雅風》第 80 期。

  網址：https://www.nethersole.org.hk/documents/files/YaFeng/80.pdf

- 蕭雅竹、黃松元（2005），〈靈性健康量表之建構及信、效度考驗──以護理學生為題〉，《實證護理》（1 卷 3 期），頁 218-226。

回首一生的意義——
善待長者身心社靈的良方

步入老年期，陸續完成了個人及家庭的責任，卸下沉甸甸的人生重擔，理當悠閒地享受年青時有份參與的社會活動所帶來的碩果。然而，步入老年期的身心變化也為長者帶來不同的挑戰，如何提高生活品質、保持生命價值與意義、促進身心社靈健康，便成為個人、家庭，以至全社會都需要密切關注的議題。

香港人口平均壽命冠絕全球已發展的地區，男性為 82.9 歲，女性則為 88 歲，「鬥長命」名乎其實是「世一」（香港政府統計處，2021）。據統計，現在 65 歲或以上長者佔人口比例的 20%，而香港百歲以上長者的數量由 1981 年的 289 人，增至 2022 年逾 1.1 萬人，政府統計處更估算至 2034 年，65 歲或以上長者佔人口比例約達 30%。延年益壽乃人之所願，但社會老年化、醫療、社區及經濟支援等問題隨之成為施政的考驗。根據聯合國的標準，踏入 65 歲便屬於老年期，退休後的生活模式轉變、身體機能下降、與伴侶關係協調及子女離家等因素衝擊着長者的生活。「全人健康」強調積極的態度與行動，以及人生的價值及意義，為人生最後階段找到積極意義和成就則是全人照顧的終極目標。

🌿 長者的身、心、社、靈健康

● 生理功能

步入老年，身體機能會隨着時間形成漸進式的轉變，而由於組織器官的退化，尤其是大腦功能退化引起的身體功能衰退，會影響整個身體運作。常見的身體問題包括：

- **生理功能五感功能**：視力問題（白內障、青光眼、老花等）、聽力障礙（耳中毛細胞與聽神經元數目減少）、嗅覺減退（嗅神經元數目減少）、味覺不敏感（味蕾與味覺神經元減少改變味覺閾）、皮膚問題（膠原蛋白及彈性蛋白含量減

少、皮膚感覺下降、出現皺紋和鬆弛）。

- **肌肉和運動系統**：肌肉纖維數目下降、軟骨強度變差而引起關節問題、需要更多時間協調身體運動。
- **呼吸系統**：肺部失去彈性、呼吸效率降低、肺活量減少、容易發生肺部感染。
- **心血管系統**：血管壁開始衰弱、容易導致動脈粥狀硬化 (Atherosclerosis)、心肌鬆弛、易發生高血壓、冠狀動脈心臟病等。
- **消化系統**：胃酸分泌減少、鈣、鐵、維他命 D 吸引下降、肛門緊張度下降，大便控制力減弱等。
- **生殖系統**：女性雌激素 (Estrogen) 和男性睪丸酮 (Testosterone) 分泌減少，女性容易罹患膀胱炎與尿道炎，男性精子產量減少，生殖能力下降等。
- **神經系統**：神經間傳遞訊息減慢、腦部退化影響認知及動作功能。

● 心理轉變

長者心理隨着社會角色和生活形態的變化，需要協調與適應，常見的心理轉變包括：

- **失落感**：某些達退休年齡的長者身心仍在良好狀態，認為自己還可為社會付出，離開職場後社會地位轉變、經濟收入減少，或會產生失落、苦悶、無奈感。
- **孤獨感**：退休後離開工作崗位，原有社交圈子亦因而有所

不同，私人時間增多，而子女漸離家及自組家庭，產生「空巢」，容易產生寂寞和孤獨感。

- **無用及無助感**：壯年期和事業高峰期受人尊重，一旦退休便感到社會和家庭的責任與貢獻減少，認為自己不重要，加上身體機能衰退，產生無助感，某些長者甚至會認為自己已踏入人生的盡頭。

- **恐懼、抑鬱情緒**：由於年老多病，身邊親友死亡的比例增加，長者易生恐懼。而某些長者因不熱衷參與活動，留在家中回憶往事感觸良多，同時受生理轉變的影響，陷入愁緒和抑鬱感之中。

- **自卑心理**：在生活上或增加對子女及其他人的依賴，如使用網絡、就醫、清潔、家居維修等，或感到對生活自我照料力不從心，對自己缺乏信心，或會產生自卑，甚至以憤怒和不滿來排解失意。

- **多疑心理**：長者由於認知及身體機能下降，對於應付生活需要迎接更多挑戰；某些長者因害怕衰老及疾病，總是擔心身體出現的狀況，會懷疑自己有病，甚至會誇張描述不適，時常抱怨身體不舒服。

● 社交轉變

良好的社交為我們建立起一道強大的心靈支援網，步入老年期，在年輕及中年期的多重角色中慢慢退下來，使得與人的關係和聯結或多或少會受影響。

- **夫妻關係**：子女長大離家和退休生活，使與另一半單獨相處的時間更多，加上身體機能衰退或易受疾病困擾，若溝通不良或會增加衝突。喪偶、離異或獨居的長者則較大機會出現空虛感。
- **同事關係**：離開工作崗位後身份轉變，沒有同事的圈子，也減少與人協作、交流和共事的機會。某些長者退休前位高權重，受人敬仰；退休後沒有了這份榮耀，或會感到失落。
- **人際相處**：若能主動參與社區活動，可增加不同社交圈子，使生活精彩。但抗拒陌生人或參與活動的長者很可能令朋友數量減少，導致人際疏離。

● 靈性提升

意義和價值對於長者而言是重要的心理資本，回望過去，若果為自己的人生感到自豪，可提升面對老年期的正面情緒。

- **優雅地老去**：欣賞自己的智慧、願意把經驗分享給後輩、認為已實踐人生價值、接受年齡和身體機能的轉變，這些心態能鞏固長者的自信，肯定自己的價值。
- **重拾興趣**：某些長者在年輕時因為忙於工作而忽略了某些興趣，在退休後可以投入喜歡的事，使生活充實有意義。
- **悔疚**：對自己的一生感到失望，後悔無盡力追求理想生活或有遺憾的長者，容易因步入老年而趨向悲觀，失去人生寄託。

人生不同階段的任務和挑戰

因着醫療、營養和社會服務的優化,現代社會人口高齡化,保障長者生活質量,協助長者找到人生意義,以回饋他們對社會的付出,這是愛,是關懷亦是責任。著名發展心理學家 Erik Erikson 在 1963 年提出「心理社會理論」(Psychosocial Theory),把人生分為八個階段,而每一個階段都有一些發展的「任務和挑戰」,若果我們可以完成使命,危機便會解除,人格繼而得以健康發展,產生效能 (Virtue)。晚年期的任務是回顧人生,為過去的人生作自我統合,面對身、心、社會角色的轉變,假若可以順利發展,便會滿意。反之,若果對過去一直感到悔恨遺憾,面對人生的最後階段便會陷入悲觀與絕望。

關注長者的抑鬱症問題

本港大約有 3% 人口患有抑鬱症,而根據香港大學於 2005 年發表的研究報告,60 歲或以上的長者,罹患抑鬱症比率為 12.5%。由於生理、心理和社交變化,長者對生活的適應能力減弱,生活挑戰如經濟、伴侶好友離世、患上長期病等問題更容易激發情緒問題。老年抑鬱症不單是感到憂愁與悲觀,還包括以下的臨床表現:

- 經常出現情緒低落,而且持續兩個星期或以上,憂傷的時間比快樂多。

- 感到生活了無生趣，喪失享受生活樂趣的能力。
- 食慾不振、體重下降；或食量突然增多，體重明顯上升。
- 出現睡眠困擾，經常早起，醒後難以再入睡，或者失眠，無法入睡；另亦有可能毫無動力，每天躺在床上感到疲累。
- 經常感到哀傷不安，甚至會有強烈的內疚感。
- 沒有動力與別人接觸、容易急躁、被激怒或常常感到不耐煩。
- 情緒波動，或會無故發脾氣，感到沮喪或哭泣。
- 缺乏自信，常常抱怨自己無用及負累別人。
- 難以集中精神。
- 有罪疚感，對往事耿耿於懷。
- 嚴重抑鬱的長者甚至會萌生自殺念頭，認為了結生命是解決問題的最好方法。

🍃 小心長者自殺危機

罹患抑鬱症的臨床表現或會因人而異，但未有即時覺察和干預會影響生活各個層面，嚴重的抑鬱症患者更會增加自殺風險。預防自殺乃全球關注的公共衞生議題，香港大學防止自殺研究中心根據死因裁判法庭提供的數據，估計 2020 年香港的自殺率為 12.1，香港長者自殺率是本地各年齡組別中最高的，60 歲或以上男性的自殺率為 24.5；女性為 15.3。有鑑於本港第五波疫情嚴峻，中心更於 2022 年 3 月 29 日舉行新聞發佈會，特別指出香港長者自殺風險有明顯上升趨勢，就此發出預警，讓大眾多關注長者身心健康。

🍃 腦退化問題隨時間惡化

現時在醫院管理局接受專科服務的認知障礙症患者約有28,000人，常見的警號包括：短期記憶失調，經常忘記對話內容、語言表達、理解及判斷出現困難、對時間及方向感覺混亂、不知道今天是何年何月何日、不清楚自己在何地、對熟悉的生活程序感到困難、情緒及行為異常等。因認知出現問題，而情況會隨時間惡化，故照顧認知障礙症患者需要涉及家人及醫療團隊等多方協作，而藉着提倡健康生活模式以及退休後參與社會事務，使長者生活有所寄託，加上控制吸煙、肥胖、缺乏體力活動等風險，則有助延緩發病時間和病情惡化的速度。

✦ 認知障礙症是甚麼？

認知障礙症是一種由腦部疾病引起的綜合症，根據《疾病和有關健康問題的國際統計分類》，認知障礙症大多是慢性或持續性的問題，患者大腦多種皮質功能受到影響，當中包括記憶、思維、理解、方向、計算、學習能力、語言及判斷力，患者雖然能保持神智清醒，但大腦功能會受影響。認知障礙症的患病率和發病率隨年齡增長而顯著上升，患者逐漸無法控制情緒、社交行為能力減弱、興趣變得狹窄或對生活失去動力，以上情況往往會與認知功能受損一同發生。此綜合症會在多種對腦部造成原發性和繼發性影響下出現（香港特別行政區食物及衛生局，2018）。

創造意義感積極面對死亡焦慮

死亡是生命歷程最後的一章，亦是每個人必然的終點，對長者來說，對死亡的焦慮與恐懼主要來自幾個原因，第一是身體上的痛苦，因罹患不同疾病而感到虛弱無力和疼痛；第二是害怕不存在的孤獨，當想到死亡後，自己將不復存在而心生恐懼；第三是害怕羞辱，在對抗疾病或自我照料上沒有信心，需要依靠別人；第四是擔心他人離世，不僅對自己死亡有焦慮，長者亦擔心配偶、至親和好友的死亡。而當這一種焦慮成為長期持久的心態，會增加長者的心理壓力或引發情緒困擾。

數年前帶領學生到賽馬會「生命・歷程體驗館」體驗，那一次讓筆者得到不一樣的反思。社會上不少人對「長者」和「年老」仍存有較負面的觀念，體驗館希望藉着互動遊戲讓參加者經歷模擬的人生旅途，學會反思年老的概念和尊重長者的智慧。

在體驗了四個區域後，便和十數個學生來到一個房間，聽社工進行解說和分享。等候全部同學來到房間分享，靜靜觀察他們分享，有同學說：「我啱啱突然發現從來都無同過父母講多謝……」另外一位：「喺個遊戲到匆匆忙忙唔知做咩就『死咗』，我先發現自己真實都好似係咁，唔係好知自己做緊咩，但人生真係無 take two，我會諗諗自己想點。」還有：「老人家其實係年紀大咗嘅人，都有被人關心嘅需要，我幻想自己老咗都會

好孤獨,想人陪,個個都會老,會多啲關心佢哋。」不知怎的,聽着心裏湧着一份感動,讓我想起刻板印象源自「不認識」。不認識或會引起恐懼,在中國傳統,對談論死亡更是忌諱。場管另外一個服務就是為長者製作回憶錄,看着一個精彩的故事,頓感到若能豁然開朗面對死亡,為自己的一生所創造的、所貢獻的、所獲得的而感到驕傲,就是人生最美麗的終結。

 ## 心理學家關懷長者 ④ 步曲

❶ 保持適當的活動量

大腦活動與身體機能活動是相互影響的,長者應該堅持參與適當的活動,以延緩衰老。不少研究都指出,有運動習慣的長者,其健康狀況顯著比完全沒有運動習慣的長者為好,恆常運動可減少住院率、急診使用率、罹患慢性疾病的風險和疾病復原能力。按自己的能力參與適合強度的運動可促進心臟功能、改善呼吸功能、增加肌肉量和減少骨鈣流失。運動前有足夠的暖身動作,慢慢開始,逐漸增加強度;運動中若有任何不適,如頭痛、胸悶、心悸,應停止,做幾個深呼吸,慢慢靜下來。但開始運動後,回家感到疲累乃屬正常現象,好好休息,讓身體恢復體力。即使沒有運動習慣的長者,亦「有心唔怕遲」,鍛煉身體可從多活動開始,多行走、學習拉筋動作或做一些簡單的家務等。

❷ 人際網絡與良好社交

對於長者，與人保持連結除了讓心靈得到支援外，更可及早發現及介入某些疾病和生理問題，進而協助求醫。Johann Hari(2018) 在其著作 *Lost Connection* 中提出，除了藥物治療，重新與人連結有助我們從不同層面達至身心健康。以下給長者人際社交建議：

- **積極與他人的連繫，建立正面關係**：如長者們互相陪伴，一同參與活動，獨居長者亦可主動與鄰舍和親友溝通，建立互助關係。
- **社會 ／ 社交處方 (Social Prescribing)**：將有社會和情感需求的人連結到不同的非醫療資源，如社區活動、社交小組、興趣班、同區互相小組等。
- **有意義的工作**：對於身體健康良好的長者，即使退休後仍可以參與義工服務或主動在社區幫助其他長者。
- **有意義的價值**：統合過去經驗，把人生智慧與後輩分享。
- **多關注別人，在別人的喜悅之中同感快樂**：與身邊的人分享正面的事，關懷親鄰，釋出善意。
- **承認童年陰影的存在並克服它**：積極面對過去往事，克服陰影。
- **重建未來**：退休人士及長者亦可以有精彩的生活，對未來抱有信心，專注在可以做到的事，增加希望感。

③ 培養興趣

學習只有開始,而沒有終結。世界每天在變化,長者亦要堅持學習和動腦,克服刻板的認知模式,以積極開放的態度和他人相處,嘗試接受和理解一些新的觀念和事物。嘗試參與和投入不同活動,積極發展一些自己喜歡的興趣,參與社區活動,保持身心安康。

④ 注意營養吸收

長者的各個器官功能逐漸衰弱,胃口或許不如以前,可嘗試少食多餐,少吃加工、高油高鹽高糖的食品,避免攝入過多熱量,避免增加肥胖和冠心病等風險。不少長者會以為年紀大應該少吃肉類,但缺少蛋白質可導致骨骼肌肉衰弱,容易造成跌倒。長者因味覺退化,烹調的時候容易過多調味,可以使用九層塔、大蒜、薑等較天然的材料來提升食慾。盡可能吃一些柔軟的食物,攝入良好的蛋白質和足夠的蔬菜,患有慢性病的長者更要注重營養吸收。

參考資料

- Cavanaugh, J. C. & Blanchard-Fields, F. (2010). *Adult Development and Aging* (6th edition). Cengage Learning: Warsworth.

- Chi, I., Yip, P.S.F., Chiu H.F.K., Chou, K.L., Chan, K.S., Kwan, C.W., Conwell, Y. & Caine, E (2005). Prevalence of depression and its correlates in Hong Kong's older Chinese adults. *American Journal Geriatric Psychiatry*, 13(5): 409-416.

- Hari J. (2018). Lost connections: *Uncovering the Real Causes of Depression and the Unexpected Solutions*. Bloomsbury.

- 香港大學防止自殺研究中心（2021），〈以行動創造希望〉：香港大學防止自殺研究中心公佈香港最新自殺數據及趨勢。

  網址：https://www.hku.hk/press/press-releases/detail/c_23236.html

- 香港特別行政區政府統計處（2016），〈香港 2016 年中期人口統計 - 主題性報告：長者〉。

  網址：https://www.censtatd.gov.hk/tc/EIndexbySubject.html?pcode=B1120105&scode=459

- 政府統計處（2021），〈主題性住戶統計調查 第 74 號報告書〉，香港特別行政區政府統計處，2022 年 1 月 22 日。

  網址：https://www.censtatd.gov.hk/en/data/stat_report/product/C0000022/att/B11302742021XXXXB0100.pdf

第四章：靈

療癒之書

身心社靈健康手冊

著者
方婷

責任編輯
嚴瓊音

裝幀設計
鍾啟善

排版
陳章力、辛紅梅

出版者
萬里機構出版有限公司
香港北角英皇道 499 號北角工業大廈 20 樓
電話：2564 7511　　傳真：2565 5539
電郵：info@wanlibk.com
網址：http://www.wanlibk.com
　　　http://www.facebook.com/wanlibk

發行者
香港聯合書刊物流有限公司
香港荃灣德士古道 220-248 號荃灣工業中心 16 樓
電話：2150 2100　　傳真：2407 3062
電郵：info@suplogistics.com.hk
網址：http://www.suplogistics.com.hk

承印者
中華商務彩色印刷有限公司
香港新界大埔汀麗路 36 號

出版日期
二〇二二年五月第一次印刷

規格
特 32 開（213 mm × 150 mm）